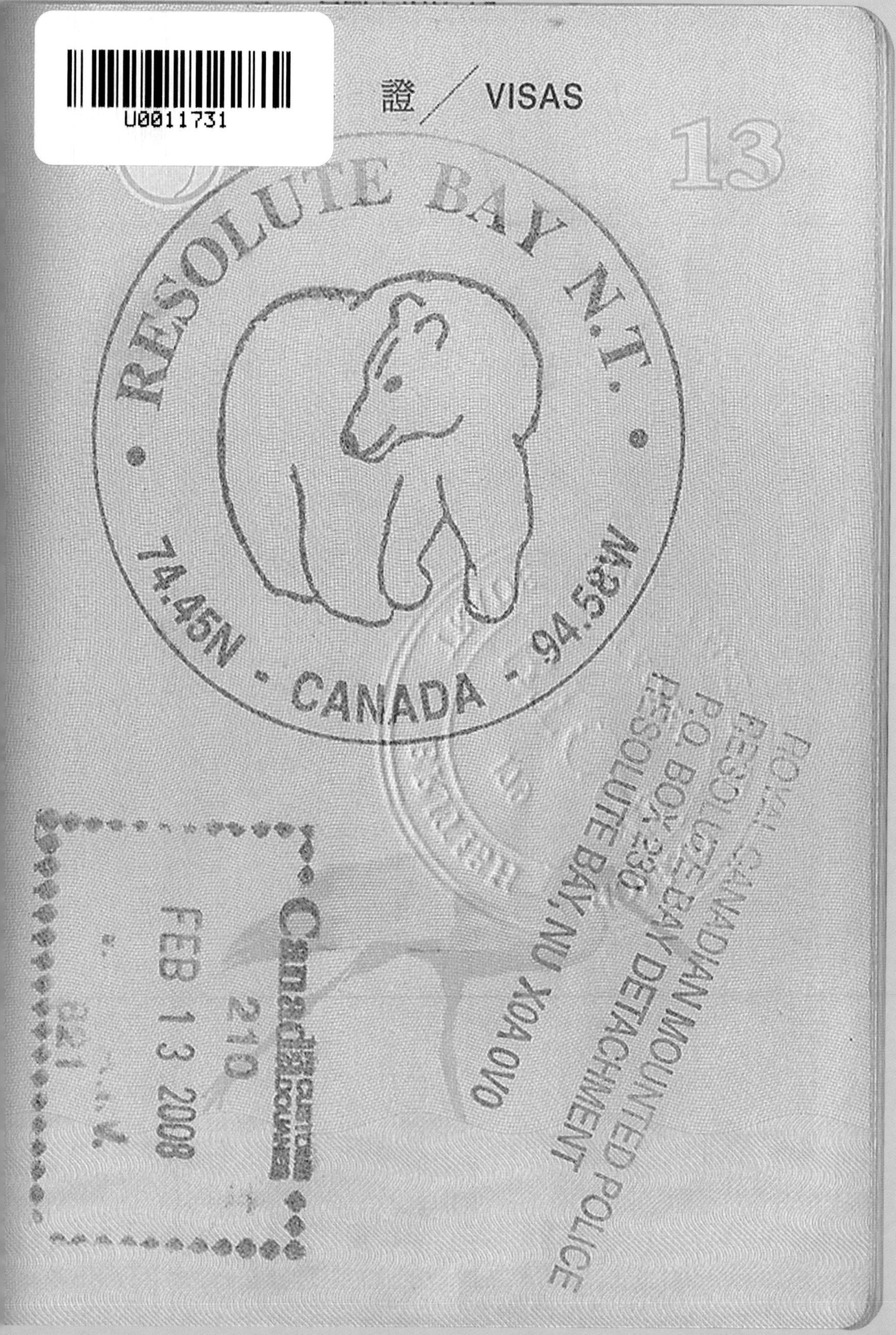

證 / VISAS
13
RESOLUTE BAY N.T.
74.45N - CANADA - 94.58W
ROYAL CANADIAN MOUNTED POLICE
RESOLUTE BAY DETACHMENT
P.O. BOX 230
RESOLUTE BAY, NU X0A 0V0
Canada
210
FEB 13 2008

簽 證／VISAS
21
BARNEO
Nord Pole
Ice camp
12.04.10 49
GARDERMOEN
F 011
AMSTERDAM SCHIPHOL

簽證／VISAS

20

簽 證 / VISAS

45

IMMIGRATION CHECK POST ★ AIRPORT

SHRI RABIN MURMU
INSPECTOR OF POLICE
ANTI-HIJACKING
BAGDOGRA AIRPORT
DARJEELING

20.10.2009

IMMIGRATION INDIA
A 45
ARRIVED
19 OCT 2009
A 45

IMMIGRATION INDIA
5 NOV 2009
D-51 DEPARTED DELHI D-51

陳彥博

零下40度的勇氣

赫赫名家・熱血推薦

陸雨廷（台灣歐舒丹股份有限公司總經理）：

難得見到「七年級生」的彥博有如此的勇氣與毅力，藉由極限馬拉松的挑戰來驗證自己也激勵他人，令人欽佩且深感與有榮焉！

雲惟彬 Alvin Woon（噗浪創辦人）：

Inspiring story! At 24, 彥博's dream has just started. Reading this book feels almost as if I'm running alongside him. Wonderful stories, captivating sceneries and an amazing journey.

（鼓舞人心的故事！二十四歲，彥博的夢想才剛剛開始。讀了這本書感覺好像我跑在他身邊。精彩的故事、迷人的風光和神奇的旅程。）

陳韻熙（「KEEP WALKING 夢想資助計畫」主辦單位帝亞吉歐董事總經理）：

逐夢的過程就如極地長征，路程漫長且孤獨，但對夢想的勇氣和毅力，終究會匯集成永不放棄的力量，支撐每個步伐，一路抵達夢想的終點……。彥博給了我們最直接的榜樣，也給了 Keep Walking 最好的詮釋。從他身上，我們看到「夢想」的偉大。

楊力州（紀錄片導演）：

非常不可思議的，我當時在一個二十二歲的年輕人身上所看到的意志力，在二年後更形巨大，這是我所認識的彥博，也會是你們所認識的彥博。

劉金標（巨大集團總裁 捷安特董事長）：

探索新自我，夢想無極限！

劉保宏（The North Face 偉盟國際總經理）：

在數位的時代裡當天涯海角已虛擬至眼前，彥博仍堅持身體力行來挑戰生命的極限，堪稱是現代台灣年輕人追逐熱血與夢想的最佳典範。

劉柏園（遊戲橘子集團執行長）：

就算每一個念頭都叫人放棄，他始終靠著比任何人都堅定的意志衝過終點。他是陳彥博。

不只零下40度、不只喜馬拉雅山，他做的不只是報紙頭版看見的，他的熱血與執著才是真的讓人動容。

蔡舜任（國際油畫修復師）：

他的每一步，都像一陣陣包覆著堅定力量的重擊襲向我心口。

（依姓名筆劃序）

每一頁絕對會讓你我都很驚訝

從九十二年一月一日起到九十三年六月十二日，彥博完成了一項任務，他終於在高中畢業當天，寫完沒有中斷過任何一天的生活訓練日記。這本日記從每天三百字寫到每天兩千字以上，且保留到現在，很完整，沒有缺日。

前些日子，重新翻閱彥博當年寫的日記，回憶師徒每天在日記裡的對話。這本新書有幾段敘述著當年的故事，以及師徒心裡的煎熬，讀來有些心酸，卻帶點甘甜，像是回到經歷事情的當下，再看看彥博對於夢想的堅持，以及實現後的喜悅，這孩子用自己的生命去影響更多的生命，看在師長眼裡盡是最深的感動。

孟子說：「君子有三樂，而王天下不與存焉。父母俱存，兄弟無故，一樂也。仰不愧於天，俯不怍於人，二樂也。得天下英才而教育之，三樂也。」

得天下英才而教育之，相信是每一位老師最為期盼的。在教育工作生涯中，老師能夠教出一群英才，師徒坐立論道、教學相長，日後看到或聽到這群英才青出於藍更勝於藍，出人頭地，為國家社會奉獻所學與心力，如此作為，一定讓老師們感到無比的欣慰與開懷。

《零下40度的勇氣》這本書，是彥博四分之一的人生記錄，從「兒時記憶」寫到「世界最冷——北極點馬拉松賽」，敘述這孩子求學的過程及挑戰身體極限的心路歷程，具有相當的可讀性。

欣喜彥博的新書完稿，九歌出版社何副總編輯靜婷誠邀為序，深感榮幸與惶恐，這本新書的每一頁絕對會讓你我都很驚訝，因為它是一本激勵我們奮發向上的書，一本絕對的好書。

本文作者為台北市立成淵高中田徑隊教練

目錄

夢想，就像是藏寶圖（自序）

「當氣候極速惡化，能見度降低，暴風雪來臨時，狂風夾雜著風雪狂囂而來，如果稍不注意，處境最危險的狀況，可能會迷路！失溫！凍傷！甚至要截肢！」這是金氏世界記錄，世界最冷——北極點馬拉松在比賽前講的再清楚不過的一句話，更告訴我此趟旅途的危險性。二〇〇八年磁北極大挑戰結束後，開啟了我心中冒險的大門，啟動了體內冒險的基因，開始不斷的去追尋那夢想中的世界。對於這方面經驗是菜鳥的我，只有不斷的學習，不斷的探索，不斷的失敗，我並不怕丟臉，因為我肯學習。

「我想要去環遊世界，然後插遍台灣的國旗，到世界各個角落，這是我的夢想。」二〇〇八年與林義傑前輩及遊戲橘子劉柏園執行長一同挑戰磁北極結束後，心中滿是衝動，滿腔熱血的說出這句話，那時我二十二歲。我從小無膽又怕冷，晚上不敢一個人睡，不敢自己上廁所，去比賽什麼都不會，什麼都是第一次，英文也不好，我如何克服心理的障礙，如何想辦法籌措近百萬的比賽資金，甚至苦尋一年的贊助與準備，忙碌到胃潰瘍送急診，出發前被車撞，與父母關係決裂，在印度還差點被搶，這一切，這些考驗，都咬緊牙關撐過來了，還有什麼可以阻撓我呢？堅持下去的理由是什麼？我想，這就是夢想吧，讓你如此渴望，如此吸引你，即使冒險犯難，即使不顧一切。並不是要告訴大家我征服了哪裡，去了哪些地方，而是我如何堅持著一種信念，如何一步步去做到的。許多故事裡都有很多種成功的方法、成功的基因、成功的特質等分享，其實相信這些你我都懂，略知一二，但我們體內總是好像缺少了某種動力，需要一股強烈力量把我們抽離出來，讓我們更清楚知道自己是誰，那股力量並不是名利、也不是金錢，更不是慾望，而是我們心裡深層被遺忘許久的那股感動，那足以讓我們改變世界的力量，它的名字，叫做「夢想」。

這樣的極限挑戰，在一般人眼中，可能難以理解：為何要選擇這種運動項目折磨自己？甚至還得面臨極大的生命危險。極限運動屬性特殊，投入的人少之又少，能夠克服身心孤寂不斷嘗試，已經不是簡單的意志力就能堅持，而是要保持著某種信念，全神貫注，眼神清澈，心中充滿感恩，謙卑的在大自然中學習。

夢想如何詮釋?!是開一台名車，或是住豪宅、或者是讓自己有更物質的生活，對我來說，這是慾望。我想，當我們專注於追求夢想的道路上，卻又能夠帶給更多人正面的力量，能夠幫助到更多人，這才叫做夢想。在此，非常感謝台灣歐舒丹股份有限公司、偉盟國際The North Face、帝亞吉歐 Keep Walking 夢想資助計畫的贊助與大力支持，以及一路支持、協助我的長輩與朋友，非常的感謝您們，才能夠讓彥博有機會去追夢、圓夢、織夢，才有機會寫這本書與大家分享我的故事，希望各位追夢人都能夠一起夢其所夢，做其所想。

陳彥博

夢想，就像是藏寶圖，

我們每個人手上都有一把鑰匙，一生都不斷在尋找自己的寶藏……

極地裝備大公開

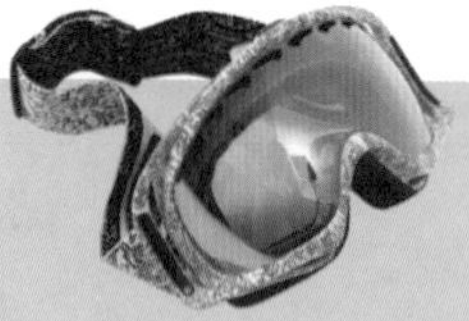

雪鏡，抗 UV 及防風雪。

LED 頭燈，夜晚照明及求救時使用。

Go-Tex 外套，防水、防寒，在極地比賽都使用洋蔥式穿法，第一層為羊毛透氣排汗、第二層為羊毛保暖、第三層為 Go-Tex 外套。

左邊錶能顯示時間、氣壓、溫度、高度；右邊的錶則會顯示 GPS（衛星定位）、經緯度，是雪地中判別方向的好幫手，但是在北極這麼冷的地方馬上就沒電了。

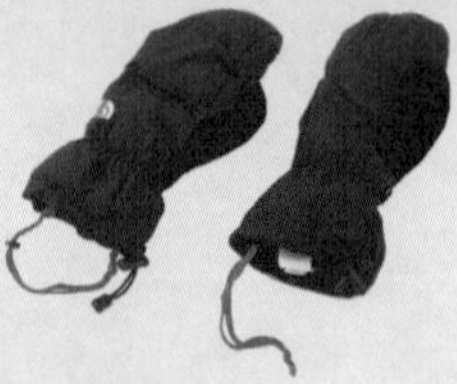

手套要戴2層，最外層防水保暖。

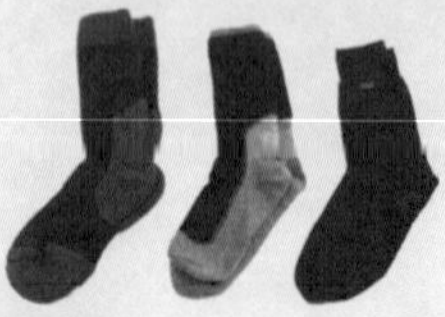

三雙襪子，羊毛製，第一雙透氣排汗、第二、三雙為保暖用。

雪鞋，重達4公斤，休息的時候穿。

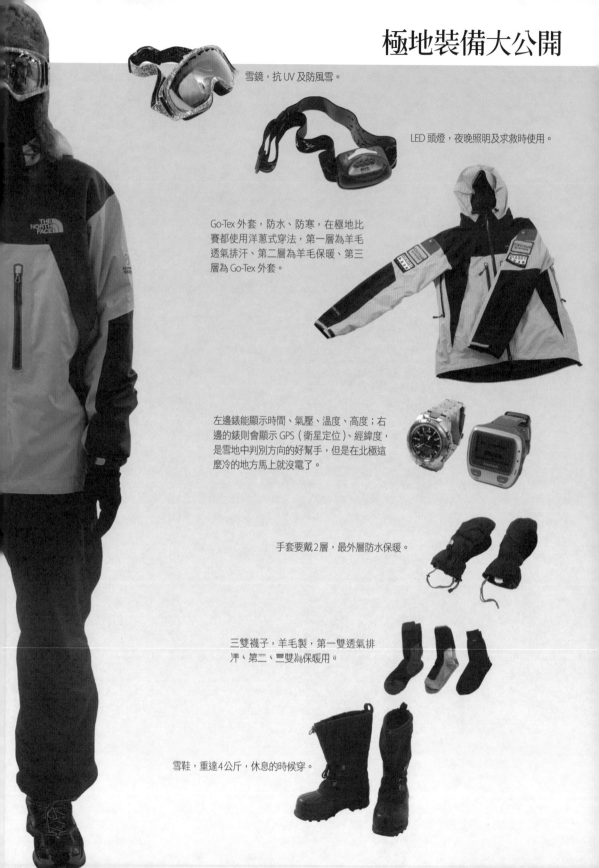

出國比賽一定都會帶的國旗，旁邊的台灣 Taiwan 是我自己寫上去的。

暖暖包，但每次打開沒多久就被凍成硬塊。

兩層帽子，外層合成狐狸毛帽保暖用；內層帽保溫透氣。

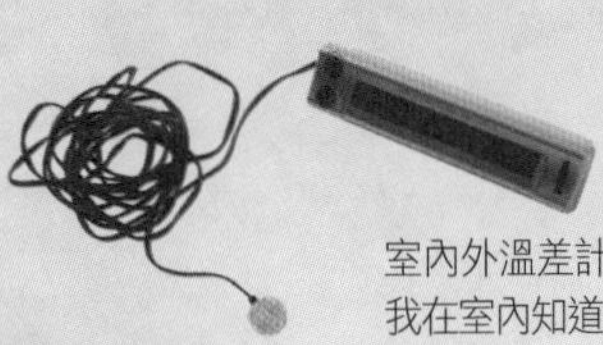

室內外溫差計，國外選手送給我的，讓我在室內知道外頭溫度來調整裝備。

零下40度C所使用的睡袋，使用60%的鵝毛製成，比一般睡袋大也更厚。

雪地煮食必備的液態打火機、能將光源射很遠的求救燈。

防水收納袋，讓我把糧食、相機記憶卡等小東西都方便分類收納在一起。

在雪地中跑步，必須先穿上防水越野跑鞋再加上冰爪鞋，碰到暴風雪時，還要套上防雪護腳套。

1
兒時記憶

皮帶與水管下的管教

那也是我第一次看到爸爸的眼眶泛紅，我小心翼翼的回到床上睡覺，緊緊握著拳頭告訴自己，將來我一定不要讓爸媽失望！

在雲林鹿寮鄉酷熱的下午，三合院庭院裡頑皮又好奇的小孩們，正拿著許多乾樹葉與樹枝在窯裡面生火，弄得嗆鼻的濃煙往屋裡飄進去，「阿你洗勒——你們要火燒厝喔！」（台語），阿嬤以為失火，穿著夾腳拖，手上拿著長長的竹條氣沖沖的走出來，追打著頑皮的三兄弟，「阿嬤來了——！快跑——！」大哥喊著，三兄弟笑嘻嘻的一溜煙拔腿就跑進三合院內，開始和阿嬤玩起了躲貓貓，最膽小的老么，反應不及絆到自己的腳跌倒，看著兩位哥哥怕被阿嬤打屁股先溜進屋內，弟弟只好流著鼻涕放聲大哭，這就是我。

時間回到民國七十五年的台北，在我出生前，可是有這麼一段有趣的故事，媽媽一直很想有一個女兒，但前面出生的兩個都是健壯的男孩，直到我出生的前幾天，家裡種了好幾年都沒有開花的蘭花與鐵樹突然盛開了，媽媽開心的拉著爸爸的手去陽台看，跳著說前兩個都是男生，這次花突然開得這麼漂亮，肚子裡的寶寶一定是女生，兩個哥哥也在一旁拿著玩具蹦蹦跳跳高興著有新生命的到來，爸媽開心的馬上到嬰兒用品店買了許多女生的衣服。端午節前一天我出生，媽媽抱著我說：「阿那ㄟ細男孩？」（台語）所以我小時候的照片有些都是穿著粉色系的衣服，還好沒有買芭比娃娃，不然我真的會笑死。從小我就愛黏著媽媽，也許正是因為這樣的關係，讓我比較感性，心思也比較細膩。之後連我們家養的兩隻狗也是公的，讓我媽媽差點昏倒。

白手起家到台北工作的爸媽，因為三兄弟調皮的個性與繁重的工作壓力，在我一歲時便把我送回雲林給阿嬤照顧兩年，我一天到晚都穿著斗笠、袖套，和阿嬤往田裡跑，弄得灰頭土臉的挖挖土豆和地瓜葉。有一次午後，阿嬤在田裡工作完回到三合院找我，我故意躲在神桌後和阿嬤玩，阿嬤找了老半天都找不到，哭著出去和所有村民說彥博被綁走了，我的天！全村動員開始找，小時的我還搞不清楚嚴重性，直到晚上阿嬤哭哭啼啼的和村民拿著手電筒回來，看到我坐在庭院前等阿嬤，阿嬤趕緊哭著跑過來抱著我說：「阿里細要給阿嬤嚇死喔！」當場拿竹條抽我屁股好幾下（我們稱為竹筍炒肉絲），從此以後我再也不敢調皮了。

「土豆，起床了，要去爬山了！」沒有錯，土豆是我小時候

從小我（左二）就愛黏著媽媽，因此我比較感性，心思較細膩。

的外號，因為我頭上有兩個髮旋，都會把頭髮往中間集中變得尖尖的，加上黑黑的臉蛋看起來就像是土豆。回到台北的假日凌晨，也是我國小每週最期待的時間，因為可以和家人、鄰居一起去爬圓山、打羽球。從圓山下往上走到羽毛球場全都是很陡的樓梯，大約要二十到三十分鐘，每次大家都會比賽看誰先到，小朋友都會一路不要命的跌跌撞撞往上衝，通常我們三兄弟都會包辦前三名，鄰居說我們三個簡直是黑金剛，攀岩走壁，好像體力用不完似的。每次爬山前爸媽都會買好蚵仔麵線、飯糰還有豆漿帶去，一吃就是二十年，現在我每次出國比賽回來的第一餐，一定都會吃這味，到現在老闆娘都還記得我。也許，也是因為小時候常常爬山的關係，讓我體力都比同學還要好，也讓我更喜歡接觸大自然，才有機緣去參加喜馬拉雅山、北極的比賽。

以務農為主的雲林，多數家庭的父母皆忙於農事，然而爸媽非常用心的教育我們，怕我們被別人瞧不起。有一段時間爸媽經商，常常辛苦工作到三更半夜，我趁兩個哥哥睡著時都會爬下床偷偷躲在門邊的縫隙聽爸媽講話，記得有這麼一次，媽媽邊工作邊說：「我們可以辛苦，我們可以被別人瞧不起，但是我要讓三個孩子有更好的環境，有更好的未來，再苦再累我都願意，都要讓小孩平安長

1 三歲時住阿嬤家，常戴阿嬤的斗笠在日頭下玩耍。

2 逢年過節回阿嬤家玩，幫阿嬤（左）拔蘿蔔。

3 二十歲時，在雲林家鄉的全家福，五人一狗，只有一個女生。

2	1

3

巴戈犬陳皮皮是我最好的朋友。

大。」一說完後，我從門縫中看到媽媽的臉頰，留下一滴一滴的眼淚，爸爸放下手邊的工作，摟著媽媽的肩膀，沒有多講什麼。爸爸是位嚴厲的父親，那也是我第一次看到爸爸眼眶泛紅。我小心翼翼的回到床上睡覺，緊緊握著拳頭告訴自己，將來我一定不要讓爸媽失望！一直不斷的期勉自己，到現在都是。

爸媽對我們三兄弟期望高，當然也就有嚴格的管教，為了讓三兄弟從小有多元化的學習與發展，在我國小四年級的課後時間，三兄弟每週一、三、五在天母補習英文，週二、週四學珠算，假日早上則是學書法與水墨畫。再加上我是左撇子，這樣不斷的刺激腦力，讓我都會有許多點子，自己動手做一些手工藝品或小禮物，大學當上學生會活動組組長，想了一堆鬼點子來辦活動。

傳統式的家庭教育，養成我從小就肯吃苦、獨立的個性，但免不了嚴厲的處罰，國小考試不及格或是犯了錯，最怕的就是拿著考卷回家，通常那天晚餐時和哥哥都不敢講話，直到晚上爸爸拿出皮帶的那一刻，應該可用膽顫心驚來形容，缺幾分就打幾下，打手掌或是腳底板。「別人可以，為什麼你不行！」有一次爸爸打到眼眶泛紅，我知道，爸爸也很難過，但一切都是希望我們可以再更好。

從小就怕冷的我，第一次上武嶺就吵著下山，沒想到長大後會立志挑戰極地。

還有一次考試前的假日晚上，爸媽看我們都睡覺了就外出工作，叮嚀不准玩電動遊戲紅白機，聽到爸媽關門聲後，我和哥哥爬起來到客廳玩，此時爸爸才剛下樓發動機車，頭往五樓一看，「怎麼客廳燈亮了？」我們聽到爸媽鑰匙開門的聲音，馬上關電視三秒內用閃電般的速度衝回房間裝睡，結果被抓下床打，直到爸媽又出門一段時間後，我們又調皮的出去玩，兩小時後聽到鑰匙開門的聲音又衝回房間裝睡，沒想到爸爸像偵探一樣去摸電視機的溫度，然後問我們玩了多久，三兄弟因默契不好說謊被抓包，那更不得了，說謊被用水管打的處罰讓那晚怎麼樣的姿勢睡覺都痛。但相較之下，父母給我們三兄弟的愛，比起許多辛苦的家庭，我知道，我是幸福的。

原子小金剛

我們三兄弟在溜冰場上別人都給我們一個稱號，叫做拚命三郎：大郎、二郎和三郎。

「媽媽，我也要去溜冰！」三兄弟努力的伸長脖子，從五樓家裡的陽台看著對面樓下百齡國小的溜冰場，一群人穿著四輪溜冰鞋穿梭自如，時而不停轉圈與酷炫華麗的側殺聲震震入耳，讓三兄弟張開嘴看得目不轉睛，於是每天便一直黏在媽媽旁吵著要買溜冰鞋。後來大哥和二哥先學，只有我沒有，因為開銷太大，爸媽沒有辦法一次買齊三個小孩的溜冰鞋。小時候我很多衣服、鞋子都是穿哥哥穿不下的，也剛好三兄弟唸同一所國小國中，包括校服和一些課本也都是用哥哥的，這樣可以省下很多開銷，所以我常常都和媽媽抱怨說為什麼哥哥都可以買新的。

直到我六歲的時候，哥哥的腳丫子大了終於要換溜冰鞋了，那時我以為可以和哥哥一起買新鞋，相當期待，直到打開袋子時看到的是哥哥的舊鞋，生氣的大哭。後來才知爸爸要拿鞋給我的前一晚，趁我們睡覺時開著一盞小燈，流著汗水花了很長的時間特地用布沾上油把表面擦得發亮，沒有任何灰塵，表面雖有許多刮痕，看起來破破的，我還因鞋子太大要加上兩個鞋墊才穿得剛好，但讓我特別珍惜，這是我第一雙溜冰鞋，溜冰也是我最先接觸的運動。

每天只要放學鐘響，回到家放下書包就和哥哥一起衝去樓下溜冰場溜冰，三兄弟常常摔得四腳朝天，當然一定也會受傷。有一天晚上我們在溜冰場練習，黃色路燈的光線較不充足，加上過彎速度快，那時我跟在哥哥後面，突然有一個人逆向溜過來，大家嚇到都閃開跳過，等我看到時已經反應不及，為了閃避，臉直接撞上旁邊的欄杆，鼻樑「卡」一聲，還飛了一圈跌倒，爬起來時鼻血就像開了的水龍頭一樣，快速的流了一大攤在地上，我慌張到呆在原地不敢動。爸爸嚇到趕快跑過來幫我止血，但一摸我鼻子我痛得哇哇大哭，「中間歪了」爸爸緊張的說，趕快回到家爸爸叫我閉眼睛，趁我不注意的時候神乎其技的瞬間推回去，「啪」一聲，我反而哭得更慘。隔天去檢查還好沒事，那次真的把大家嚇到，沒想到後面還有更刺激的。

溜冰一開始只是好玩，沒想到後來變成競速溜冰選手，一溜就是十年，啟蒙教練為王淵成教練，我們三兄弟在溜冰場上別人都給我們一個稱號，叫做「拚命三郎：大郎、二郎和三郎」，而比賽時全場觀眾的注視，

六歲時，穿上生平第一雙溜冰鞋，這是兄長汰換下來的。

常讓我一站到起跑線時因為緊張而腳不自覺的發抖，有時還會臉色發白，到後來終於慢慢適應，那時台北市只要有比賽各組都被我們三兄弟包辦，從小也經由參加比賽逐漸磨練出抗壓性。

隨著世界溜冰技術的突破與進步，速度越來越快，裝備也開始跟著升級，從四輪溜冰鞋進化到競速直排輪，競速溜冰時速可達六十公里，只要一摔倒可不是開玩笑，輕則皮開肉綻，重則手斷腳斷，甚至有選手飛出場外撞到脊椎裂開。

在我國小四年級時一次競速接力比賽，競賽規則是完成賽程的選手，在接力區中用手碰觸下一棒選手的腰部，然後將他推出去，才算完成接棒，那時我已經沒有力氣只知道使勁的用力往前推，沒想到一個重心不穩，失去平衡整個人往前跌，左手撞到地上，就像竹子被折斷的清脆聲響「啪！」正當我翻身起來要移動左手繼續比賽時，「啊——！」一聲慘叫，親眼看到自己的左手斷了，橈骨整個凸起來，我想握拳，但只能看見自己的手在那晃啊晃，緊急送醫院急救將手接回打上石膏；

從小就要學習鍛鍊比賽時的抗壓性。

吾家三兄弟從小就是拚命三郎，榮獲的比賽獎盃無數。右起大哥陳建仲、老三陳彥博、二哥陳柏勳。

另一次是六年級時，因為玩特技溜冰，從高處摔下造成右手骨折，而最嚴重的，是右邊眼睛上面裂開大出血縫了七針，從裂開的地方可以看到一些白色的眼球，我媽在醫院雙腿發軟還差點暈倒。但這幾次，我都沒有哭，從小因為常常受傷的關係，我就比一般小朋友更能忍受痛苦，有強烈的意志力，爸媽原以為這些慘痛的經驗會讓我打消繼續溜冰的念頭，沒想到我卻是一頭熱栽進去，還曾拿下國小一千公尺爭先賽全國冠軍，國中三百公尺計時賽全國亞軍。

國二暑假與兩位哥哥為了參加世界青少年杯的選拔賽，爸媽也看我們很認真的練了快十年，為了讓我們圓夢接受正式的專業訓練，特別在賽前一個月，把三兄弟送往台灣的溜冰聖地集訓，拜訪屏東潮州魔鬼教頭——林永祥教練，三兄弟只帶著兩袋包包，一袋是競速溜冰鞋裝備，一袋則是幾件簡單的衣褲，一路搭夜車從台北搖搖晃晃的到隔天早上

八歲首度獲獎，怯生生的臉上，嘴唇還殘留摔傷的疤痕。

教小朋友溜冰，與他們打成一片，是溜冰時最快樂的事。

才抵達潮州車站。原本以為第一天可以先休息，沒想到才剛到溜冰場，馬上就開始接受訓練，早上七點半，悶熱的空氣，三十六度的高溫，場內四十幾位選手已開始在熱身，坐在一旁帶著墨鏡一發不語的，正是林永祥教練，嚴厲的姿態，感覺周遭都充滿殺氣，只要進入此範圍內，彷彿就會被秒殺，完全不敢直視林教練的眼睛，並不是心虛，而是一種敬畏。林永祥教練長期培育出許多世界杯前三名的選手，面惡心善的林教練，非常照顧學生的生活作息與飲食健康，對選手照顧的無微不至。

熱浪來襲的天氣，第一天對其他選手只是按表操課，而我就已經流鼻血，二哥被操到吐了，大哥則是坐在一旁喘息，三兄弟面色凝重。第一個禮拜，我們簡直是軟腳蝦。住在林教練家每天準時五點半起床，六點訓練到八點半，下午則是三點到七點，晚上規定十點整睡覺。而深夜要上廁所時，旁邊就是暗暗的田，我都要拉哥哥陪我一起去，因為林正英的鬼片《暫時停止呼吸》、《殭屍道長》……等看太多了，很會幻想的我每次都深怕會有殭屍跳出來，都被哥哥笑說是膽小鬼，有時候我在上廁所，他們還會故意扮鬼嚇我，害我嚇破膽哭著爬回棉被裡躲起來。那一整個月的訓練，晚上都讓我提心吊膽，而每次訓練只要有選手遲到，一定是當場罰兩百下伏地挺身，紀律相當嚴格，腳破皮了流血了，包上人工皮膚繼續練，我想可以用「鐵漢訓練營」來形容吧。四個禮拜過後的選拔賽，只錄取積分前八名，那時很可惜我排名第十二，但三兄弟在林教練的調教下，進步的程度讓大家嘆為觀止。

在屏東訓練的一個月，雖然三兄弟是台北的選手，但是林教練卻把我們當作自己的學生一樣愛護，沒有保留的把一切技巧教給我們，訓練時很嚴肅，但訓練後都會很逗趣的和學生玩在一起，甚至為了選手的營養，還會自掏腰包買營養品給選手吃，監控著每一位選手的生理狀況，讓我了解一位愛護學生的教練如何照顧選手。才一個月的時間，卻令我相當珍惜，回到台北後，因為體育環境的不成熟，也令我非常嚮往能有這樣的教練，直到高中放棄了溜冰，開始成為正式的田徑選手後，遇見了潘瑞根老師。

經過林教練的調教，我掌握要領，表現突飛猛進，時速最快可達六十公里。

九孔的胃

胃開始隱隱作痛，讓我跑步時喘不過氣，但是我仍堅持忍痛練完，有一次甚至練完痛到躲起來哭，到最後只能在一旁按碼表無法做訓練……

每年士林國中的校慶運動會，總是讓人熱血沸騰的時刻，全校都會在操場熱情吶喊，每班派出一位同學來個廝殺戰，那時因為練競速溜冰體力比較好的關係，就被同學提名上陣了。國二時，參加校慶一千五百公尺跑第一名，就被學校體育組長陳河吉老師一眼相中，「要不要來田徑隊跑跑看？」就這樣一句話，我接觸了田徑。

那時士林國中田徑隊屬於社團，所以田徑比賽成績沒有很好，直到國三時，一位溫柔婉約的女老師來到我們學校指導，在體育組長的介紹下，沒想到她十四歲時在日本青年奧林匹亞田徑賽一百公尺獲得第二名，秒數十二秒一三；高中全國田徑分齡賽打破二百公尺紀錄；同時也是國家隊田徑教練李四川老師的學生，她也就是我的田徑啟蒙教練——吳佳穎老師。學校那時才剛成立田徑隊不久，操場只有一百五十公尺，訓練器材上略顯不足，加上訓練的時間只有下午四點到五點半的短短九十分鐘，不過佳穎老師不受場地的限制，仍盡心盡力的指導我們，直到國三下學期的台北市中等學校運動會，八百公尺項目全國賽標準為二分十秒，我僅以比標準快零點一三秒低空飛過，台北市排名第四，正高興可以去參加全國賽時，突然某所國中的教練和我說：「不錯啊，沒想到你還能達標，去全國賽上場玩一玩就好，不用太認真，頂多撐到複賽啦。」這句話直接刺到我腦中，喜悅瞬間被澆熄，但也因為這一句的刺激讓我燃起心中長跑的火焰與鬥志，「我會拚給你看！」可惜花蓮全國賽排名第十，秒數二分六秒，無緣晉級決賽，提早打包回台北。

在士林國中校慶運動會跑出第一名，自此與田徑結下不解之緣。

在溜冰場上，我不斷領先，但在田徑場上，我知道我還太嫩。

隨著學期結束，畢業的日子將近，窗戶外的蟬聲開始吱吱作響，那天是個炎熱的天氣，吳佳穎老師突然拿了一個牛皮紙袋給我，裡面裝的是成淵高中的考試報名表，「彥博，你很有潛力，個性適合當選手，也希望你有更好的發展與接受專業的訓練，潘瑞根老師是頂尖的教練，以前在西湖工商時造就了國內不少傳奇，培育出許多專業長跑選手，對於品格教育上更為注重，現在剛復出帶隊，是成淵高中的學務主任，相信你可以在潘老師的教導下擁有不一樣的人生觀，去試試看吧。」佳穎老師那段話帶有許多不捨，那時大哥二哥都因為競速溜冰加分考上了大同高中，但國內體育發展不成熟，資源有限，而爸媽對我的升學都是讓我自己做決定，沒有給我太大的壓力，如果考上公立高中，還可以幫家裡減輕一些經濟負擔。我拿著報名表，決定放棄了溜冰，心想如果決定了，就不要回頭，「要就拚到全國冠軍！拚一拚吧！」

成淵高中的入學考試，媽媽陪同我到台北體育場，各個項目報名的所有選手中，我算是成績最弱的，全部只錄取六位，起跑後我使盡全力拚命奔跑，只希望潘教練看見我，也讓自己有改變的機會，終點線前，站著一位黑色的皮膚，帶著白帽與墨鏡，身材有些壯碩，他就是傳說中的潘瑞根老師！在大太陽下一語不發的紀錄選手成績，但我跑得卻不盡理想。直到全部選手測驗完後集合，「你們都盡了最大的努力，表現得也相當好，人人都有機會，

為了訓練肌力，在沙崙進行拖輪胎訓練；經受冷冽刺骨，寒風吹襲的操練。

下禮拜學校會公告榜單，如果沒有錄取，也不要灰心。」短短幾句，讓我緊張的一直吞口水，當我第一次和潘老師面對面談話時，我用極為肯定的眼神告訴潘老師，「我想拿到全國冠軍，我也做得到。」這種渴望、這種期盼都已在眼神中透露給潘老師，他有一種神奇的力量，讓我完完全全的服從，第一次與潘老師見面，就已經有這樣的感覺。回到家每天的等待，更讓我坐立難安，好不容易等到一個禮拜後，通知書寄到家裡來，我手心冒冷汗的拆開信封，慢慢、慢慢的拉出來，「陳彥博，錄取。」「哇耶——！」我興奮的在家忘情大聲吶喊，從考上成淵高中那一刻，我開始成為正式的選手，雖然我是最後一名考上的，但在潘老師的教育之下，開始改變了我的一生。

入學前酷熱的暑假，我們已經揮汗如雨的開訓，三千公尺兩趟，這是我長跑課表的第一餐，常常跑到上氣不接下氣的躲在一旁休息，成淵高中田徑隊才成軍兩年，全隊只有八個人，我是第二屆，第一屆其中一位與我同國中的學長——林辰安（電視節目《大學生了沒》的大亨）。我們的休息室就在看台下的體育器材倉庫，滿布塵埃，牆角還有許多蜘蛛網，清出一小塊空間簡單的擺了四張桌子與兩個鞋櫃，相當簡陋。兩百公尺的操場，才八個人的隊伍，第一天的訓練，展現出來的魄力卻令人驚訝，因為我們這屆另五位同學，都是全國前三名的選手，我還排不上邊。每次三千公尺的測驗我都吊車尾，但我仍然咬牙盡力跑完，七名隊員都知道我們為何而來，我們都有同一個夢想，就是全國冠軍！

一顆心可以泊多少事，雲，飄在天空裡，雨，滴落在池塘，船，停在海上，花，可以插在花瓶裡，但是心事，要放在哪裡？

成淵高中每位選手都有自己親手做的「訓練日記」，每天訓練完回到家，到了晚上，就悄悄的把日記打開，將訓練狀況與心裡的話，寫在訓練日記裡，

跑五十趟碧山巖的階梯訓練，跑完必吐。

這樣一來，潘老師就會知道我們在想什麼。隔天早自修最期待的是就是拿回訓練日記，看潘老師給我的啟示與答覆。每個人都有與潘老師的祕密，我也有，每天與潘老師都用日記在做深度對談，別人寫一篇寥寥數百字深感痛苦不已，我每天卻寫上一千多字，我想潘老師老花眼，應該是看我的訓練日記看出來的，七百三十個日子到畢業的最後一天，從不間斷，也是我最寶貴的記憶。

烈陽下，專注於達成訓練目標。

在開始進入正式課表前，潘老師安排許多基本技術與體能訓練，因為從小練競速溜冰的關係，我的一雙腳早已成了O型腿，在做抬腿跑的敏捷訓練，姿勢總是歪七扭八，或是跑步時不小心會打結，讓隊員們啼笑皆非，教練則是直搖頭，「彥博，O型腿對長跑選手是吃虧的，如果你有改善，成績應該不僅於此。」因為潘老師的一句話點醒我，為了把田徑練好，我下了一翻苦工夫，每晚睡前都用皮帶綁住雙腿矯正，但每次起床都不知道自己怎麼神乎其技掙脫的，很難受、很不舒服，但整整一年下來，自發性的作法終於讓O型腿有所改善，成績也開始突飛猛進。

「我沉迷在跑步的世界裡，不斷的追求更快的秒速，雙腳的跑動，讓這世界都運轉起來，我想要更強！我想拿到全國冠軍！」我激動的寫在訓練日記裡告訴教練我所感受到的一切。有天訓練完，潘老師和我說：「長跑選手，必須要先入迷、入定，最後才進入禪修的階段，做任何事都一樣，現在，你已經入迷了，但這只是開始而已，你的速度感和跑感都不錯，如果是長距離一萬公尺的項目，你會很有機會，我們來做個約定，你的夢想是全國冠軍，我休息了四年後重新復出帶隊，考驗著一位教練是否還能帶出長跑金牌，我們一起來見證這個夢想。」潘老師和我說完這段話，我們打勾勾，潘老師手心的溫度傳到我手上，包覆著我，這短短幾秒，我感到有如父親般的嚴厲與慈愛。那晚，我坐著捷運回到劍潭站走路回家，手握緊拳頭，紅著眼眶，不在意別人怎麼看我，因為心裡有許多激動與感動，不斷的撞擊我的思緒，彷彿有股強大的能量在我體內，不斷的向外擴散，我從來沒有被一位教練這樣的關心過與肯定過，也一直以來希望能有這樣的教練，這不就是我渴望的、所嚮往的啊……我願意付出一切，所有一切，再苦再累，我下定決心，一定要完成與教練的約定和給自己的承諾。這晚，對我來說，是個特別的晚上，睡覺時我望著天花板，開始做夢，做全國冠軍的夢……

隔日訓練，下著大雨，是個讓人想偷懶的天氣，課表的菜單是四百公尺二十五趟，每趟休息九十秒，我展現出決心，每趟一路拚到底，休息時都沒有躲雨，而是在場上等待下一趟的到來，我專注於眼前訓練，每分每秒全神貫注，也激起全隊的訓練鬥志，把課表菜單通通硬撐練完，最後一趟全力跑完進終點，因為逼近體能極限讓我搖搖欲墜，我撐著雙腳大叫「喝啊——！」抬頭看著潘老師，潘老師沒有多說什麼，只有輕輕的點一下頭，但我知道那是什麼意思，我和潘老師的默契，不用靠言語，而是靠眼神慢慢的培養出來。

成淵高中田徑場是二百公尺的跑道，我從三千公尺最初跑十分五十一秒的菜鳥，在潘老師半年的魔鬼訓練下，殺近了高中中階標準，三千公尺九分三十五秒，進步的幅度嚇人，全隊戰鬥力升級。迎接第一場台北市中等學校運動會，不巧我前幾天發高燒到三十八點五度，虛弱不已，潘老師拿出十年前西湖工商陳鄭雄學長的報紙給我看，「那次陳鄭雄學長發燒到三十九度，

再苦再累，我下定決心，一定要完成與教練的約定和給自己的承諾。

下午常由成淵高中跑到外雙溪來回。左一為學長陳鄭雄。

我們把他帶去泡熱水逼汗，出來再煮雞湯給他喝，而他不服輸的意志力仍拚到冠軍，而且差點破大會紀錄，一位成熟的選手，會用堅定的意志力與感恩的心來超越身體的病痛。」我知道潘老師這則報紙的用意，「陳鄭雄學長可以，我也做得到。」晚上我到醫院打了三支營養針後隔日備戰，比賽當天一萬公尺與五千公尺都以第二名硬撐到終點達標準，拿到全國賽的門票，如果沒有潘老師的激勵，我想我連標準都跑不到。

我在成淵高中唸的是普通班，下午四點半放學後打掃，五點才開始訓練，常常練習到快九點，十點到家才吃晚餐，早已習以為常。其他學校體育班一天就練習兩次，相較之下我們格外辛苦，但課業上也學習到相當多，不敢馬虎。準備全國賽前，進入備戰狀態，訓練菜單隨之升級，不管是從成淵高中跑到內湖來回二十公里耐力訓練，或是無氧間歇訓練等，我總是能硬撐到最後，不斷突破成績，狀況良好，就像脫韁的野馬，充足的信心讓我隨時站上起跑線蓄勢待發。

直到高一上學期結束前，因為長時間的訓練與作息不正常，還有對自己的壓力太大，我的身體出現了狀況，胃開始隱隱作痛，讓我跑步時喘不過氣，但是我仍堅持忍痛練完。有一次甚至練完痛到躲起來哭，到最後只能在一旁按碼表無法做訓練，隨後幾天越來越嚴重，只要一運動就會痛到蹲在地上，如同被針穿刺般，去醫院檢查才發現是胃潰瘍，治療了兩個多月仍不見

高中時，賽前我總會理光頭，以示心無雜念，更專注於眼前的目標。

好轉，最後嚴重到胃出血，緊急去醫院照胃鏡，實在令我害怕的發毛，一條長約四十公分的管子從嘴巴塞到胃中，前頭有攝影機可以目睹身體裡面的情形，原來在我呼吸時有個小洞正一點點滲血，多達九個洞，「九孔胃」的外號就是這樣得來的。身體狀態開始走下坡，體重從六十一公斤瘦到四十八公斤，只要食物進到胃裡就會痛到冒冷汗，幾乎無法進食與飲水。在訓練時我只能在場邊整理器材，看著隊友們努力的在準備全國賽，我卻只能在一旁乾瞪眼，這種感覺實在令人不好受，我好想跑。全國賽到了，我的胃還沒好，潘教練載我去比賽會場時原意要我取消檢錄，「還有兩年，先把傷養好，才有本錢和人家拚。」但我執意要比賽，結果跑到吐胃酸，中途倒地被抬下場淘汰。我開始失志、我開始沮喪，到最後，墮落……。

大概是一種自我放棄的念頭，無法訓練讓我開始逃避現實，這段時間，我選擇叛逆，參加熱舞社常常跳街舞到深夜，隔日早上就睡到自然醒，學校上課遲到，下午連田徑隊也不去，訓練日記則是從幾百字，到只剩短短兩三行，不！應該是胡扯幾句！最後索性不寫，長達快半年。有一次訓練時間我正跳街舞，潘老師開車從門口進來看見我，反射性的動作讓我迴避，我不敢面對潘老師，我忘了與潘老師的約定，我忘了自己的夢想，甚至我不知道自己在做什麼……

教練的退學單

「你不用浪費我的生命，我也不用浪費你的時間！」擺在桌上的正是退學單，我瞪大眼看著，短短幾句，凝結了所有空氣。

第一個學年結束時，隊友徐祥佑通知我下課後到主任辦公室找潘老師（高一時潘教練為學務主任，下課後的時間則為田徑隊教練），我帶著忐忑不安的心情敲門，「扣、扣、報告！」進去後，看見潘老師鐵青著臉坐著，一旁的是徐文星助教，與謝兆光、林辰安、陳哲瑋、周亨彥四位隊友，面色凝重，中間準備一個位子讓我坐下，「這學期你知不知道自己在做什麼？表現實在很讓師長失望。」徐文星老師問到，我則是默默不語，「如果是潘老師以前在西湖工商的作法，你知道會有什麼處罰嗎！」我好想逃避，好想離開這裡，直到潘老師拿出一張單子，丟到桌上說：「你不用浪費我的生命，我也不會浪費你的時間！」擺在桌上的正是退學單，我瞪大眼看著，短短幾句，凝結了所有空氣。我看著退學單，低頭不敢看教練、不敢看隊友，不知道該說什麼，那

在田徑場上，潘教練（右）是嚴師也是慈父。

在潘教練的指導下，田徑選手須要有恪遵紀律的態度。

鴉雀無聲的幾分鐘，讓我感覺好像過了一小時，卻是扭轉我一生最重要的關鍵時刻。「自己好好想清楚。」我離開辦公室，那晚下著毛毛細雨，接著兩個禮拜我都沒有再踏進田徑隊，我覺得羞愧，為了自我懺悔，我決定開始奮發圖強，找回和潘老師當初的約定。

我開始積極的治療胃穿孔，跑了好多家醫院，最後在爸爸的朋友介紹下到仁愛醫院的腸胃科找楊閔達醫師治療，經過楊醫師半年的仔細觀察照顧之下，終於開始好轉，抽血、X光、超音波、胃鏡切片、大腸鏡所有檢查都做一遍，慢慢的，我開始可以慢跑，雙腳再度回到田徑場上，努力的找回自己當初的約定與承諾。升高二暑假，每天都是從基礎的訓練重新做起，因為半年多的休息，讓我的體力上武功全失，連慢跑幾乎都跟不上，五千公尺測驗甚至還被新一屆的學弟狂電兩圈以上，每一次都讓我很掙扎、很難過，即使我的鬥志與意志已到終點，但疲累的軀體卻無法跟上，如同失去雙手的武士，感到心有餘而力不足，我握緊拳頭奮力打地上，「混蛋！你就只有這點能耐嗎？陳彥博，你這廢物！」我不斷的咒罵自己，我是個不服輸的人，更不願意輸給自己！

每天大家結束訓練課表，都還要等我訓練完，我覺得拖累大家，但隊友們對我不離不棄，一路不斷的鼓勵我，潘老師則是在一旁觀察，我們彼此用眼神溝通，「享受成功是吃得了苦、挺得住累、熬得過痠，戰勝自我的人才有的權利。」潘老師在我日記中寫到，我下定決心給自己一年的時間，我要在高二時拿到全國前三名，這意味著我只有半年多的時間重新訓練，別人早已領先我許多。我開始不斷以高度要求規範自己，每天訓練完大家在休息，我則是繼續練有氧基礎跑配速，來累積每週公里數，晚上大家在睡覺，我則是在唸書，普通班只有下午的訓練，我則是自動自發五點半起床，六點到學校配速跑五十圈，十公里，這樣我一個禮

配速跑

一般初學與基礎跑者以抓頻率節奏與調配每圈一樣速度的方式，來建立跑感、修正姿勢與訓練有氧基礎耐力，專業的跑者每圈配速的誤差可以在0.5秒以內。

天天整潔，透亮的田徑休息室，是全隊一起動手粉刷，整理的另一個家。

拜就領先別人訓練量五十公里，結果上學的隊友看到我偷偷練習，有一天六點我到休息室慣性的要晨操，聽到裡面有聲音，嚇死我！我以為有小偷，趕緊拿著掃把衝進去大叫抓人，「別跑！」結果，竟然是也正要偷練的隊友，果真是人嚇人嚇死人，不過之後全隊也開始自發性的晨操，我的體力逐漸回復水準，成績扶搖直上。高二全國賽一萬公尺拚到第二名，輸給了台東體中的古志平，只輸四十公尺，「失去金牌只是失去某些東西，失去勇氣，你將一無所有，對手非常強悍，明年，你有一場硬戰要打。」潘老師在我日記裡提醒著，教導我許多心理的轉化方式與哲學，讓我很快的繼續設定目標，回到軌道上。

為了讓我們有更好的訓練環境，潘老師開始著手改造休息室，也對我們展開生活訓練，「東西清出來後應該要放哪？走路的動線該如何規劃？工具要去哪裡借？自己一走進來的感覺是什麼？我的問題都丟給你們了，現在你們要自己去想，怎麼分配工作，怎麼去做，現在是四點半，八點驗收成果。」潘老師常常都會用這種方法來刺激我們學習生活技能與尋找解決事情的方法，說實話，真的很有效！全隊開始如打仗般的敏捷，學長帶領學弟，想盡各種方法，自己動手油漆粉刷，墊子用美工刀割整齊鋪在地上，爬到天花板去掛框架，各個櫃子擦到發亮，在大家高效率的動員下，我們終於有了自己的休息室與一間重量訓練室，牆壁上掛的「見賢思齊」、「誠正信實」，也就是成淵

暑假到花蓮太魯閣進行移地訓練，每天都跑得喘吁吁。

初入高中田徑隊，由於基礎不佳，跑步姿勢歪七扭八。

田徑隊的精神。

潘老師自有一套教導學生的哲學，高一時我們掃廁所，掃捷運旁街道，整理校內與校外民權西路站環境，剛開始大家都有許多怨言，「又不是我丟的，為什麼要掃，在一旁還有狗大便耶！好噁心……」潘老師始終以身作則，戴上手套彎下腰和全隊一起打掃時，大家也都閉嘴了。學弟見到學長要問好、幫學長倒茶水是本分，學禮貌與長幼有序是最基本要求，為的是讓選手放下身段，調整心理的不適，在打掃中，我們也學到許多邏輯與組織的能力，「迅速規劃，分配區域，後勤支援」，把所有設想到的問題都列在清單上，你可曾看過一群人跪在廁所地板拿菜瓜布用閃電般的速度迅速猛刷汙垢，手也伸到溝槽內清洗，一間廁所十分鐘內清洗乾淨，幾乎乾淨到會發亮刺眼，這是我們的第一堂課，就是「打掃」，也磨練我們看待事物的態度。當穿上跑鞋，我們盡全力向終點奔馳，手握起掃把，我們必須努力維護環境整潔，釋迦牟尼佛強調「掃除塵垢」，這時，我才深刻的了解到，不只是清掃環境，也清掃自己內心的雜物，每當我回頭看我們掃過的街道，心情都好了起來，路人經過也開心，高一我們藉由打掃與性格磨練的改變來置入田徑訓練，讓選手對目標「入迷」。

高二每個選手都會有一次自己的專題報告，一般學生幾乎都沒有這種機會，或是聽到可能就退縮，更何況有時還會邀請外賓或是導師，選手們都要穿上西裝，講台上還會擺著花，相當的正式，台下的聽眾會有分數表與建議表，讓難度更上層樓，沒有一位選手敢馬虎，否則當天就會知道何謂「五雷轟頂」的滋味，「不會的，要去學，不懂的，要去問」，潘老師警惕我們，專題報告可以讓我們學到很多不同領域的知識，欣賞每個人的優點及創意，吸取別人失敗的例子警惕自己，不管製作得好與壞，報告得好不好，都是人生的第一次經歷，也訓練你的抗壓性，雖然都是缺點比優點多，但是經過這次的磨練之後，以後不管任何場合，就能臨危不亂的展現自己最好的實力，滿足所有的觀眾及評審，有了獨當一面的能力及懂得自己尋找問題，加上訓練的配合，高二潘老師訓練「入定」。

「禪修」最後關鍵在於高三，也就是最後階段，我們訓練幹部領導，隊長、紀律長、財務長、執行長……等，除了自己的訓練成績，也要學會「帶領」，對目標強烈的執著，跑步是我，我就是跑步，在潘老師全方位的照顧之下，我們就像個大家庭，在我高二回歸跑道後，連續兩年都沒有休息過，三百六十五天不管外頭多大的艷陽，多大的雨，颱風地震都練，潘老師天天陪在我們身邊，天天照顧著我的身體，天天教導我正確的價值觀，假日時，就到潘老師家住，晨間六點準時訓練，一切都為了最後一戰。

大學學測前，我參加了台北車站附近的衝刺補習班，那時距離全國賽三個月，一方面要訓練，一方面要兼顧唸書。假日兩天從早上九點到晚上十點都關在補習班裡面，為了不讓體力下滑，假日時我要求自己五點起床，把補習的書和衣服都放在包包裡，為了省時間，我從劍潭家裡背著背包跑到台北體育場當做熱身，伸展後開始先按課表操練，在體育場沖完澡後八點再準時去上課。賽前，我做了最好的自律。下課後，潘老師接我回家，我們情同父子，無所不談。有天訓練完集合，潘老師把林義傑前輩的書《勇闖撒哈拉》拿給我們看，並要求我們寫心得報告。那晚，寂靜的

花了三夜，我親手製作的訓練日記封面，為自己立下奔馳世界的夢想。

夜，半夜兩點多，房內只剩一盞小枱燈，「將來，我希望接續撒哈拉，去那尋找生命的祕密，和對生命的挑戰，總有一天，我會找到的。」我激動的寫下。隔天，我用自己的照片與美工材料，製作一張特殊的3D訓練日記封面：藍色地球的頂端北極，貼著一個小小的人影，也就是我正用雙腳奔跑著，對於未來、對於世界，我滿是期待。

「累要累到很徹底，苦要苦到有感覺，瘦要瘦到爆，喘要喘到接不上，這才是真正的訓練！」「用智慧、用冷靜判斷、用企圖心去實現夢想，這是高中最後一戰，只有力拚，全神貫注，才有突圍的機會。」「智慧、信心、判斷、應變，大概是這次全中運你要啟動的精神層面，善之，慎之，行之，當這些都具備了，只剩一項最重要的關鍵點，用盡你所有的力量，力拚到終點線！」在全國賽前，每天每天，潘老師在日記中寫下的每一句，不斷的激起我內心的鬥志。潘老師還請曾是西湖工商的長跑金牌得主，陳鄭雄老師與廖永欽老師前來與我們切磋，增加實戰經驗，這種力量讓我更肯定，成為我強大的後盾，我想獲勝！我想贏！

孩子們早安：

敎練今天請一天假不在學校，敎練前往國立體育學院做專題演講，下午約五點回到學校。

—底下這八件事情請全隊選手知悉—

一、葉庭華、吳孟桓應該好好謝謝簡帷倫與陳彥博昨天幫兩位處理國立台灣體院棘手報名事宜。並請葉庭華拿著牛皮紙信封將戶籍謄本裝入後拿到郵局或快捷公司以最快速方式寄到台灣體院，務必在中午以前寄出去，如有不懂馬上找文星老師幫忙。

二、張鉑洺等高二生及高一少數選手昨天已完成花蓮全中運重要事項手冊初稿，請隊長協助過濾細節部分，可以先送文星老師過目後取回，過兩天再做一次總修正。

三、訓練調整課表教練已經擬妥，今天晚上再開夜車一次即可完成最後五天的調整課表，今天的晨操與下午的訓練課表參閱單張課表，選手並依課表進行調整訓練。

四、尚未剪頭髮的選手今天最後一天完成團隊統一之規定。

五、明天星期二，早上沒有晨操，全隊(含俱樂部)明天穿著全套紅色田徑隊隊服參加朝會授旗儀式(俱樂部不參加授旗儀式)，授旗完畢後，全隊帶往台北市立體育場訓練，預計12：30訓練完畢，之後有一個小時給大家在附近吃中餐，隨後全隊帶往行天宮拜拜祈福，然後帶回學校，開始準備全中運相關工作事宜。晚上六點半左右選手就可以回家準備個人去花蓮的比賽用品。鉑洺今天要完成本星期二全天公假及星期三下午半天公假之請假手續經辦工作。

六、星期二晚上長跑選手花蓮全中運之前最後一次住校，請選手晚上10：30前回到學校休息室。星期三早上有安排晨跑活動。

七、本星期五到下星期三前往花蓮全中運的公假，也請鉑洺到寶亮阿姨那裏瞭解是不是成淵全部運動代表隊都一起請公假。

八、其它未說明事項，傍晚教練回學校再說。

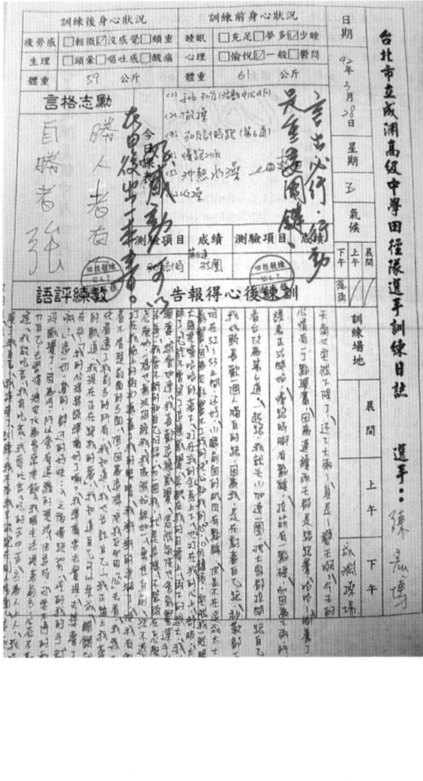

我的訓練日記寫得密密麻麻，每天寫二、三千字，潘教練的老花眼應該都是我害的。

高中最後一場全中運，我奮力衝刺。

終於等到這天！國三，我在花蓮全中運連決賽都進不去，甚至被淘汰；高三，最後一場全國賽，巧的是同樣在花蓮，是老天爺在考驗我嗎？比賽前我看著天空問自己，最後一天潘老師的日記告訴我：「這場比賽老師不會給你什麼戰術，視你的臨場智慧，讓每一圈都在你掌握中，這一年來你將痛苦的訓練轉化成一種習慣，更成為自然，也將化為享受，享受生命的奧妙，老天爺都會疼惜吃苦的孩子的。」晚上在選手村睡前，潘老師只問我一句話：「彥博，有任何問題嗎？」「沒有問題！」我用極為肯定與厚重的語氣回答，當晚，很奇妙，我竟然做了個夢，我已經很久沒有做夢了，我夢到第一名壓線進終點，但人影相當模糊，我有點不確定夢裡的人是我，醒來時，我坐在床邊看著已睡著的隊友，我傻笑了一下，原來，是夢。

比賽到來，一萬公尺決賽，「選手各就位！」鳴槍前，我先看著天空，深深的吸了一口氣，很深的一口氣，頭低下來緩慢的吐氣，慢慢的走到起跑線前，沒有任何思緒，等待鳴槍的到來，「碰！」槍響了，高中最後一戰，台東體中的古志平馬上加速度衝出去，我隨之跟在後，他以驚人的配速帶領，每圈七十八秒，想把我甩開，跟到剩五千公尺時，有一段出現「待留期」，腳開始痠，好喘，我開始胡思亂想，但三十公尺後馬上就轉化了，心裡一直想著潘老師昨晚和我說的話：「如果我是陳彥博，我會替自己爭回努力訓練兩年的代價，我不會輕易被人超前，我會堅持到壓線，我一定會第一個壓線，高一你胃潰瘍退場，高二雖經驗不足，但是成為搶金牌強勁的對手，高三，彥博！是你圓夢的時候了。」這場比賽，一半是為自己而跑，一半是為潘老師，因為他我今天才有此機會在場上奮戰，還有在場邊為我吶喊加油的成淵戰友與老師們，我有更多力量。「我今天不是來輸的！我會盡全力的贏過你！」推蹬的腳步更加有力，身體的每一個律動，從呼吸、擺臂、推蹬都可以清楚的感覺到，一切都在掌控之中。最後七圈，因為後面三、四名選手一直上前卡位，我為了節省體力出去帶，要跑到第一的位子時，心裡實在有個障礙，我從來沒有跑在古志平前面過，況且，那是全國冠軍的位子，「來吧，就拚

脫下訓練袍，我與潘教練情同父子，無話不談。

一拚！」我維持好秒數，開始把其他選手拉開，拚到最後一圈，敲鐘了，「噹噹噹！」開始了兩人的決戰，出了彎道剩三百公尺，我們同時加速，他衝到我旁邊與我平行想超越我，我再加速出去，搶攻進彎道的位子，腳部很順，第一次後段這麼有力，忘了疲與喘的感覺，要加速！就要加速到底啊！死也無所謂！拚了三年！我不要再輸了！我要贏！我要贏！我要贏啊！內心就像撕裂般不斷的狂吼著！出了彎道最後一百公尺，全場沸騰，看見終點線就在眼前，我不敢相信，我奮力往前衝，死也無所謂！最後十公尺、五公尺、一公尺，看清楚雙腳跨進終點線，壓線！「喝啊——！」「喝啊——！」我大叫三聲，三年的情緒爆發，立刻哭了出來，我不知道為何要叫，是本能的衝動吧，我走向潘老師，緊緊的抱住潘老師，潘老師摸摸我的頭，「做得好！彥博！」我不敢相信，我做到了，與潘老師的約定，與自己的承諾，也感謝三年來一起奮鬥的隊友們。一萬公尺成績是三十二分四十八秒，另外還有五千公尺奪第二，十五分二十一秒，這是我第一面全國金牌，也讓我更肯定繼續追求長跑的世界。

當然，這也代表著最後一場比賽比完，與潘老師，與成淵離別的日子將近，「一日為師，終生為父」，三年的時光，也許會是我這輩子最深刻的回憶，很辛苦，也很甜蜜的回憶，潘老師也給了我們最好的教育，培養了我的個性與待人接物的應對進退，從中影響了我的生活面、我的一生，我好珍惜，好捨不得。畢業典禮當天，播放著校歌，我在座位上默默的流下眼淚，與全隊奮鬥的回憶，與潘老師三年的回憶，一切都要結束了。最後一天的日記上，潘老師寫到：「這三年總有結束的一天，歲月留給我們非常多的記憶，豐富了我們的生命，接下來就是你展翅高飛的時候，老師也有百般不捨，預祝小兒子鵬程萬里，前途耀眼。」看完，我握緊日記在家放聲大哭，老師，謝謝您，謝謝您給予我的一切，您就像我的父親，永遠陪伴著我。

這是我的教練，潘瑞根老師，也是我的父親，我永遠愛您，永遠……

高中最後一場全中運，我拿下冠軍。

2

夢想的開端

BLOC

勇敢追夢

這種感覺實在太奇妙了，身體好輕盈，腳就像踩在雲端上，每一步，每一步，彷如蜻蜓點水般，讓身體自然的帶動我前進，順風馳上。

為了站上長跑的國際舞台，我考上了林口國立體育大學陸上技術學系，這也是國內長跑項目的重點培訓地。大學，年少輕狂，成長期最令人瘋狂的階段，升上大學的一整個暑假，為了要買摩托車和筆記型電腦，每天我都在游泳池當救生員和教游泳課，只有禮拜日休息，最久一天工作長達十八個小時。可能我個性比較獨立，想要什麼東西，就會自己想辦法，滿十八歲時我這麼告訴自己，不要再給爸媽任何負擔。

大學的教練為張永正老師，我從高中基礎打底，訓練量較多，大學轉變成把質拉高、強度增強，適應半年之後，大一下學期成績終於慢慢開始進步，張教練看我的速度感還不錯，把我從一萬公尺轉成馬拉松項目，夭壽，訓練量隨之加重，週一到週六夏季晨間每天五點半訓練，冬季改六點，下午兩點半按表操課到五點多，例如四百公尺二十趟，每趟跑七十秒休息六十秒，或是一千公尺八趟，每趟跑三分整休息兩分鐘，禮拜六早上三十公里，從林口跑到南崁交流道折返，每個禮拜訓練公里數更達到一百九十公里多。

大學時我們加入了北大長跑協會，成員都是社會上許多傑出的叔叔阿姨們，除了跑步外，也讓我們學習到社會上會面臨到的事情，於是在余文榮會長大力支持贊助，與蔡文雄叔叔的推薦之下，我被挑選為日本福岡名水馬拉松的選手，是我第一次出國比賽，也是我第一次比馬拉松。

「肝醣超補法」(Carbohydrate Loading) 是馬拉松選手在大比賽前特別的飲食調整策略，據過去的研究指出可以把原來肝醣儲備至原來的兩倍，來提高運動表現，但一年建議使用一次，因為會對身體及器官產生過大的負擔。在張永政教練與運動保健學系王百川老師的指導下，比賽前一個禮拜我開始調整飲食，前四天每餐只吃水煮肉、喝水，只攝取蛋白質，醣類與代醣類都不吃，也就是不能喝任何飲料，課表強度依舊，每天練完血糖降低有時頭都會很暈，對巧克力與糖類的渴望就像是在沙漠裡缺水，只要一小滴的醣份我就會瞬間吸收，瞬間復活，第四天課表進行快速度十公里的「耗竭跑」，依每個人的訓練方法因人而異，意指把身上的肝醣全部消耗完，老實說，在沒有醫生與營養師的監控下，又克制身

第一次出國比賽，在日本福岡名水馬拉松榮獲冠軍。

體不去進食，這簡直就是瘋狂折磨自己，完全感覺不到體內有任何能量，虛弱、無力，在比賽前三天再開始大量攝取醣類與碳水化合物，我感到快得糖尿病了，不過身體感覺就像機車換了機油般，整個引擎重新燃燒，就像要出航的鐵達尼號。

福岡九州下著雪的阿蘇火山，世界最大的破火山口，氣溫三度，在車內的我看著窗外，隨著比賽的接近心臟噗通噗通的作響，卻也按捺不住我的興

腳步聲與海浪聲交織成跑者心中最和諧的節奏。

在日本福岡奪冠後，首度在國外看到雪，興奮莫名。

奮。比賽當天，我試著想張教練告訴我的配速與跑感，「起跑時很多選手會很亢奮，但要壓抑心中的情緒，照自己設定的配速來跑，不要亂了陣腳。」起跑後我從五十幾名一路慢慢往前追，大約十五分鐘，肌肉溫度提高、關節處熱開後，這種感覺實在太奇妙了，可能因為肝醣超補法的關係，身體好輕盈，腳就像踩在雲端上，每一步，每一步，彷如蜻蜓點水般，讓身體自然的帶動我前進，順風馳上，我一路追到緊跟在第一集團之後，慢慢的調整呼吸，腳部頻率調整成與他們同步跑，引導車在前鳴笛聲吱吱作響，我們在樹林裡穿梭，周遭的野生動物鹿與猴子抬頭正偷偷的看著我們，帶點楓木的空氣，這一切，全長四十二點一九五公里的馬拉松，都轉變成享受。這次的比賽我拿下第一名，讓我更專注、更努力的奔跑、更勇敢的去追逐目標。

每年暑假，對大學生來說是再快樂不過的日子，在張教練的領軍下，我與國立體育大學的長跑選手陸續一同前往中國昆明高原海梗訓練基地，或是到長沙吉林與中國省隊一同移地訓練。我的成績不斷進步，很幸運的被選中出國比賽，參加日本琵琶湖接力賽、中國廈門馬拉松……等，皆屢獲佳績。除此之外，樂於學習的我，為了了解更多運動的原理與構造，輔修許多運動保健學系的課程。當上學生會活動組組長，開始籌劃許多活動，招收許多熱血幹部，一同舉辦迎新活動，我為生活瘋狂，想要把握住青春的每一天，我們每天積極投入訓練，想要勇敢的追求夢想。

極限運動入場券

在天上的神，請給我智慧，請給我更多的勇氣，去實現夢想的道路，請保佑我。

大三下學期，在一次偶然的機會下，我看到「遊戲橘子」正在網路上宣傳「穿越極光，冒險計畫」，優勝者將與林義傑一同前往雪地路跑，網頁的「咚咚」音樂聲，設計得令人震撼的報名表，我雙眼為之一亮，「就是我了！我一定要參加！」我在宿舍大喊著，室友兼學弟黃柏堯嚇一跳衝過來看，這是多難得的機會，一輩子可能都沒有機會去到那，我決定了人生第一個冒險，也給自己大學畢業前的一個禮物。規則寫著：經由網路報名後，將挑選出二十名再進行第二階段體能測驗與面試，第三階段決選三名。

我就像滿載著煤炭的火車，「噗嗚——！」鳴笛聲響起，動力十足的往前進，認真的撰寫自傳，不斷的字斟句酌，把高中潘老師教的技能全都發揮上，製作精美履歷表，用百分之百的心意把所有的能量注入報名表上。順利進入第二階段後，在成淵高中進行體能測驗與面試：零度的水中憋氣、六十秒仰臥起坐、腳綁鉛塊負重跑八百公尺共三項，因平常在體育大學接受專業

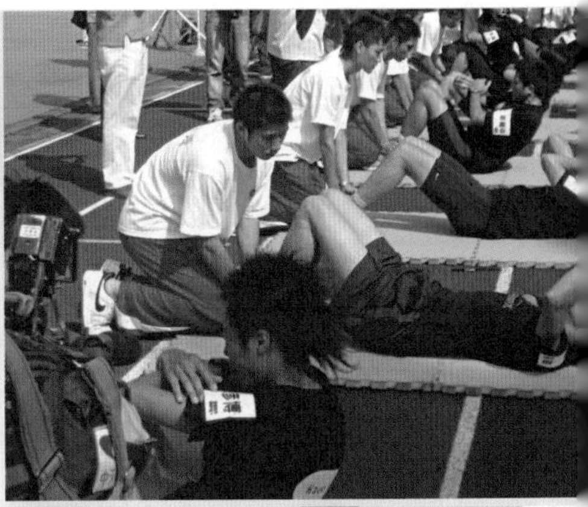

參加加拿大雪地路跑徵選，是我送給自己的大學畢業禮物。

的訓練，體能上我略勝一籌，一路過關斬將；但面試讓我非常緊張，緊握著履歷表，複習英文的自我介紹，最後我與女子鐵人林舫偵、南非剛畢業回台的林岳進入了第三階段，三人抱在一起祝賀。回家後爸媽也為我開心，希望我可以多出去看看世界，多一些體驗，就這樣，我即將出發，參加第一場極限運動。

由遊戲橘子執行長劉柏園大哥，與超級馬拉松林義傑前輩帶領，飛往加拿大的北部——黃刀鎮（Yellowknife），這是加拿大西北地區的首府，位於北緯六十二度，距離北極圈只有五百一十二公里，人口約有兩萬多人，飛機起飛後從都市大樓的景觀變成一大片雪山，讓我興奮到再累都不想闔上眼睛。

我印象裡極光就像是會發光的彩虹，但在這是不一樣的，像是一個淡白色的氣體緩緩的漂移，畫出不同的圖案，時而似蟒蛇遊動、時而似駿馬奔馳，或像刀光劍影，或者像天神突然睜開慧眼，光亮四射，傾視人間……聽這裡的原住民說只要在極光下許願，夢想都會成真，於是我閉上眼，「在天上的神，請給我智慧，請給我更多的勇氣，去實現夢想的道路，請保佑我。」握緊雙手，祈禱著。

隔天五公里的第三階段比賽，由我們三人中再選出一人參加磁北極之行。雪地路跑賽讓我對大自然產生了一些印象，這是在田徑場與道路上比賽馬拉松從來沒有過的體驗，有種神祕的力量一直在吸引著我。第三階段比賽結束後，我入選為二〇〇八年磁北極六百公里大挑戰的成員，這一切，都來得太突然。

「我要去北極了！」我開心的回家與爸媽分享明年將要與劉柏園執行長及林義傑前輩一同去磁北極比賽，本以為爸媽會為我開心，但看他們眉頭一皺，先是一陣寂靜，接著爸爸說：「可以不要去嗎？」滿腔熱血的我當然會不顧爸媽的反對，不管如何執意要參加。

因為爸媽知道我將要去那麼遠的地方，也不知道

參加磁北極大挑戰之前，在中央山脈縱走，進行負重訓練。

幽微的北極光，有種神秘的力量。

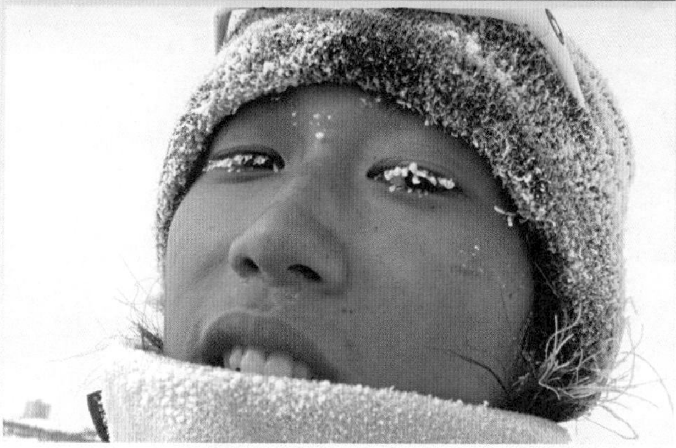

雪花飄飄，連睫毛也結冰了。

那邊的環境，如何和我聯絡，心中的許多擔憂全寫在臉上，每天都希望我打消這念頭。直到有一天晚上，剛好爸媽在看Discovery的節目正介紹北極，風雪飛揚，沒有任何生物，旁白用低沉的聲音述說北極的可怕與北極熊的威脅。這下不得了，來得真不是時候，爸媽越看越擔心，看完後我帶陳皮皮（我們家養的巴戈狗）散步回來，爸媽坐在飯桌上，請我一起坐下討論，「彥博，一定要去北極比賽嗎？這樣誰照顧你們？怎麼煮水吃飯？不能下次再去嗎？或是去旅遊就好了。」那時我不懂當父母的擔憂，強硬的回答說：「如果這次不去，要什麼時候去，會給我第二次的機會嗎？」

「就當我做父親的請求你，賣去！（台語）」

「媽媽也很擔心，希望你聽爸爸的話，練體育這麼久了，畢業也該準備找工作，或是到爸爸的脊椎矯正診所去上班幫忙。」

在挪威訓練時就學著調配每天應該攝取的熱量與營養。

「我已經決定了，安全上請不必擔心，還有兩位大哥會照顧我。」

「你這年紀能決定什麼！你就是不肯聽就對了！」

這晚，我與爸媽起了口角，爸爸氣得到陽台去抽菸，我回房間關上門後，冷戰了近半年，吃飯都沒說話，只有簡短問候幾句，直到出發上飛機前都還在吵。

行李過磅時，三大袋的裝備與行李超重十八公斤，被罰一萬八千七百塊，我只好先拉下臉向爸媽借錢，拎著行李就直接衝上機了，走前我在爸媽眼裡看見了不安與難過，坐上飛機後，也很後悔剛剛的舉動，知道這樣他們會更擔心，更難過，如果我發生危險或有任何萬一，該如何是好，我應該靜下心好好陪陪爸媽的，我罵自己很傻，傻得可以，不懂事不成熟的態度讓爸媽擔心，但又氣爸媽為什麼不放手讓我去。直到飛機降落在渥太華要轉機時，我收到媽媽的簡訊：「彥博，很抱歉爸媽剛剛不是要故意兇你的，我們都很擔心你，在那一切要小心，衣服要穿暖一點，不要讓自己冷到了，媽媽還是愛你。」看完，我眼眶泛紅，手機螢幕被淚水浸濕，對我自己的幼稚與讓父母擔心而難過，這封簡訊，化解了我與爸媽長達半年的冷戰。爸媽以為這是我最後一場比賽，只好放手讓我去參加了，但是其實，不是的，我想我寫到這我爸媽看到應該覺得被我騙了……

參加磁北極大挑戰前，林義傑前輩與劉柏園執行長安排了許多行前訓練，我們前往挪威奧斯陸參加官方訓練、中央山脈縱走南二段培養默契、渥太華越野滑雪訓練……等，身為小老弟的我，經驗根本完全不足，什麼都是第一次，沒爬過百岳根本不知道如何準備登山重裝包，不會整理也不會收納，連出國要自己填寫申根簽證的申請表格，密密麻麻的英文讓我頭昏眼花，吃盡苦頭。在申請前一晚，我打電話向林義傑前輩求助，沒想到他直接一句：「彥博，我們出國比賽全都要講英文，你這樣，行嗎？」

頓時我嚇出一身冷汗、正面的打擊讓我慚愧，甚至到了挪威奧斯陸，訓練上課講的我幾乎都聽不懂，不會用GPS，雖然劉大哥與義傑前輩都會指導我，但我覺得

在挪威參加官方訓練，體驗畢生首次的滑雪經驗。

在零下十度的挪威模擬訓練，我只覺好玩，渾然不知即將登場的磁北極大挑戰是何等嚴酷。

自己好沒用，覺得自己一無是處，沒有任何社會能力，情緒陷入了低潮，義傑前輩對我相當嚴格，但也希望這樣的教導方式可以讓我快速成長，一句話的刺激，直接刺進我腦門，就像狠狠的被扒了一層皮，我開始瘋狂的把所有參賽相關網頁都列印下來，就像著了魔一樣，一個單字，一個單字全部都慢慢翻譯出來，邊寫邊唸，努力認真的學英文。到現在，苦讀慢慢累積之下，終於有能力可以獨立與國外主辦單位接洽、出國比賽。

初生之犢遇上死神

我感到寒冷，不敢停下腳步，沒有人可以幫我，我知道如果我再停下來一次，我一定會面臨失溫的生命危險，好想閉上眼睛，雙腿跪在地上，就可以不用受這種痛苦、這種折磨。第一次意識到自己可能會死，莫名的恐懼湧上心頭。

二〇〇八年四月九日，我們飛往英國與大會集合，再飛到渥太華後休息一天，晚上去採購行動糧食，晚餐則是去吃越南河粉。因為肚子很餓我叫大碗的，瞬間，那服務生笑了一下說，「You sure ?」我們還喃喃自語用家鄉味的台語說，「吼——啊他是不知道我們多能吃喔，是會有多大碗。」結果，過了五分鐘，越南河粉端出來的瞬間，震撼打擊到所有人，一開始我們還以為那是洗手還是洗臉的碗，感覺心情相當好又笑容滿面的服務生說，「It' s large.」，我整個感覺好想被人直呼兩巴掌把我打醒，我看那碗幾乎可以把我的臉給裝進去，而且深度可以讓我溺死在碗裡面，所以我們留了一個真心震撼的驚訝照，真的很好笑，但也是我們美味的最後一餐。

抵達北緯七十六度加拿大的瑞斯陸 (Resolute)，興建於一九四七年，只

搭乘北極熊班機，我們正式前往磁北極。

有一個警察局和三家旅館，全鎮居民只有約兩百人，機場門口一打開就是一隻北極熊的標本，大家紛紛研究，如果真的遇到北極熊就這麼大嗎？不，其實，是更大，更兇猛，為什麼我這麼確定，因為，我們真的遇到了。

六百公里的距離，用越野滑雪的方式橫越，九隊二十七位選手們都必須自給自足，拖著所有裝備近三十公斤多，自己搭帳篷露宿在平均零下二十度的北極冰河上。出發前要先接受兩天的生存訓練，包含如何用槍，以及三天的戶外訓練，最後，還必須要經過五天一百公里的考驗才能到起跑點，零下十幾度的溫度對我們來說已經適應，到了第四天，暴風雪就給我們一場震撼教育，也是我生平遇到最恐懼的溫度。

「嘩嘩嘩！」一大早我們就被強風吹打著帳篷的聲音給吵醒，一出發，我馬上感覺情況不對，一直覺得好冷，很冷！我感覺到體溫慢慢在流失，雪鏡與衣服也開始慢慢結冰，正吹著北風，我們逆風而行，想擋都擋不了，赤裸裸的接受大自然的歷練與考驗，風寒效應下，我拿出溫度計看，零下三十一度，出發不到十分鐘，在我們前方的隊伍有一位紐西蘭的女選手因為失溫與凍傷的關係突然「碰！」一聲，整個人跪了下來，正當她自己用手杖

在雪地中遭受考驗時，猛抬頭望見巨大的冰柱，感覺大自然似乎也將其情緒彰顯在地貌上。

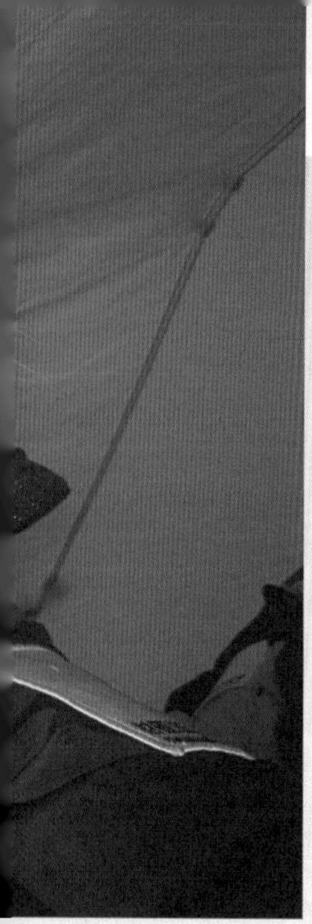

腫脹的感覺好像快炸開，神經傳遞感覺都變得很緩慢，手指不聽使喚，開始沒有知覺。

要把自己撐起來時，又跌一次，她的同伴急忙大喊前方的隊友掉頭，這畫面在我眼前發生，我嚇傻了，我開始猶豫，我開始緊張，我開始不安。因為不知道下一個會不會是我，我們也無法停下來幫她，一遲疑，體內熱量就會瞬間流失，我們也無法幫忙，我好矛盾，接著大會人員馬上趕過去查看，叫她做緩慢的呼吸，她求生的呼吸聲，大聲到我都聽得清楚，經過那女選手身邊，只能繼續往前進，這種人性的現實面，讓我在雪鏡裡留下了眼淚，在殘酷的極地，人就像螞蟻一樣脆弱，這是沒有選擇題的旅程，為了活下去，只能繼續往前走，恐懼與不安開始籠罩在我身邊，我只能默默祈禱，希望她沒有事情，也祈禱著所有選手都平安。時間一點一滴過去，已經過了三個小時，即使我們一直在行走，體內溫度還是沒有提高，手指的痛，這種冰凍的痛，就像是幾百支針在扎你手指一樣，很冰、很凍、很痛！裡面腫脹的感覺好像快炸開，神經傳遞感覺都變很緩慢，手指不聽使喚，開始沒有知覺。

四小時後我們補給，恐怖的事情來了，我正要喝熱巧克力，很不穩的拿著杯子給劉大哥，正當我要拿回來時因為手沒有知覺又不斷顫抖，沒有辦法用力抓住，杯子不小心打翻在劉大哥的雪鞋上，我嚇到趕緊和劉大哥說抱歉，正當我要趕快擦起來時，我們三人都親眼目睹到，五秒！才五秒

的時間，熱巧克力竟然結冰了！速度快到結晶的過程都親眼目睹，我們才知道，氣溫極低，而且低得嚇人。

六小時過去，我的身體開始漸漸發冷，衣領的地方因為吐氣的關係都結冰了，我無法專心，些許無力感，感覺血糖也降低了，我趕緊吃巧克力來幫助提高血糖，但也只有一點點作用，根本來不及補充。八小時過去，我還是好冷，真的好冷，在休息時我們都會彼此問手還有知覺嗎？因為大家的感受都一樣，這比賽，再有體力都沒有用，這是一種存活的意志，活下來！我是這樣告訴自己。

九小時過去，快接近今天的休息站，我們速度漸漸加快，就像牛一樣使勁的往前拖，突然間，我明顯感覺到我背後和大腿有些許的流汗，我馬上把速度放到最慢，但是似乎是來不及了，全身都密閉著，在裡面形成暖空氣，慢慢在流汗，但如果我把拉鍊拉開散熱，馬上會結冰然後失溫，我停下了腳步，原地站著，希望可以因為降低體溫而不會流汗，但似乎不管用，我馬上感到寒冷，而且全身開始有冰冷的感覺，我開始繼續行走，不敢停下腳步，沒有人可以幫我，我知道如果我再停下來一次，我一定會面臨失溫的生命危險，而且一定更糟。好渴，好想喝水，好想吃東西，這種動物本能已經開始在提醒我，身體不斷和我抗議，跟我提出警訊，好想閉上眼睛，雙腿跪在地上，就可以不用受這種痛苦、這種折磨。

第一次意識到自己可能會死，莫名的恐懼湧上心頭，我好想家，這是到北極第一次有這種念頭，家人、爸爸、媽媽、哥哥還有皮皮，家的動力，促使我繼續走下去，好寂寞，這是一種孤獨感，一個獨角戲，我試著調整心態，想辦法去克服，十小時過去了，但還是看不到休息站，我頭開始暈眩，手指漸漸沒有知覺，一直告訴自己，「再撐一下，再撐一下……」十一小時，

拖著沉重的裝備，我把最後的力氣全用盡了。

我抬頭看，終於看見休息站小小的黑點了，似乎還是很遠，但至少給了我動力，大約還有三公里左右，拚最後一小時，拚了！我們決定加快速度，我的腳步也跟著提起步伐，拖著厚重的裝備，我把最後的力氣全用盡了，身體發冷，手指沒有知覺，頭腦沒有思考，身體已經無法平衡，我沒有力氣去控制，走路已經搖搖晃晃，一直快跌倒，視線開始慢慢發白，我發現血糖已經降到最低了，好餓，這種饑餓感我已經無法再忍受，我決定馬上卸下背包轉身吃豆糧來提高血糖和補充熱量，一顆豆子等於四大卡，我大口吃了兩口繼續出發，但是視線還是很模糊，一直和寒風對抗，為了活下來，我用最後的意志力走向休息站，左晃右晃的軀體，體力已經耗盡，剩下的是僅存快崩潰的意志力，一些讓我執著下去的力量，我不斷的激發自己，視線模糊，好冷，好冷，好冷。

正當我有點昏迷時，我聽到了前方的聲音：「彥博！加油啊！我們就快到了！」熟悉的聲音，是劉大哥和義傑前輩，他們高舉著手，這種環境裡，一句話就能打動人，我們互相扶持著、打氣著，「加油！」我開始自言

自語，最後終於到了今天的預定點，馬上搭起帳篷，因為我們體溫正在流失中，需要立刻回溫，這對我來說已經不是一個競賽，而是求活下去，活下去是我現在只有的想法，如果每一天天氣都是如此惡劣，我撐得下去嗎？我開始在問自己。帳篷搭好我們馬上進到裡面生火，我不斷在發抖，全身都在顫抖著，脫下手套拿火柴點火時，因為手已經沒有知覺，無法控制抖動讓我一直無法順利點燃火焰，我好急，感到隨時都會全身痙攣，突然間，「唰！」一聲，溫暖又正義的火焰終於出現了，馬上兩爐火力全開，我把衣服換掉，外套拉鍊拉開時聽到「啪啪！」的聲音，原來衣服裡面的汗水全部都結成冰塊，我窩在火爐旁，雙手抱膝蓋一直不停的顫抖，一直顫抖著，好冷，一直好冷，連吞口水都感覺到是冰的，好想哭，好害怕，好害怕接下去的比賽撐不過去，但我不敢說出來，因為，這是我自己選擇要來的，我必須要勇敢撐下去。突然間，開始感到很想睡覺，劉大哥和義傑前輩一直拍我，叫我不可以睡著，你要醒著，大家都一樣，眼皮就像是有鏈球往下拉一樣，好重，好想睡，身體機能下降，就像是電源被拔起來直接關機，頭好

劉柏園執行長（左）與林義傑前輩（右）一路提攜，相互扶持，激勵著我不斷往前。

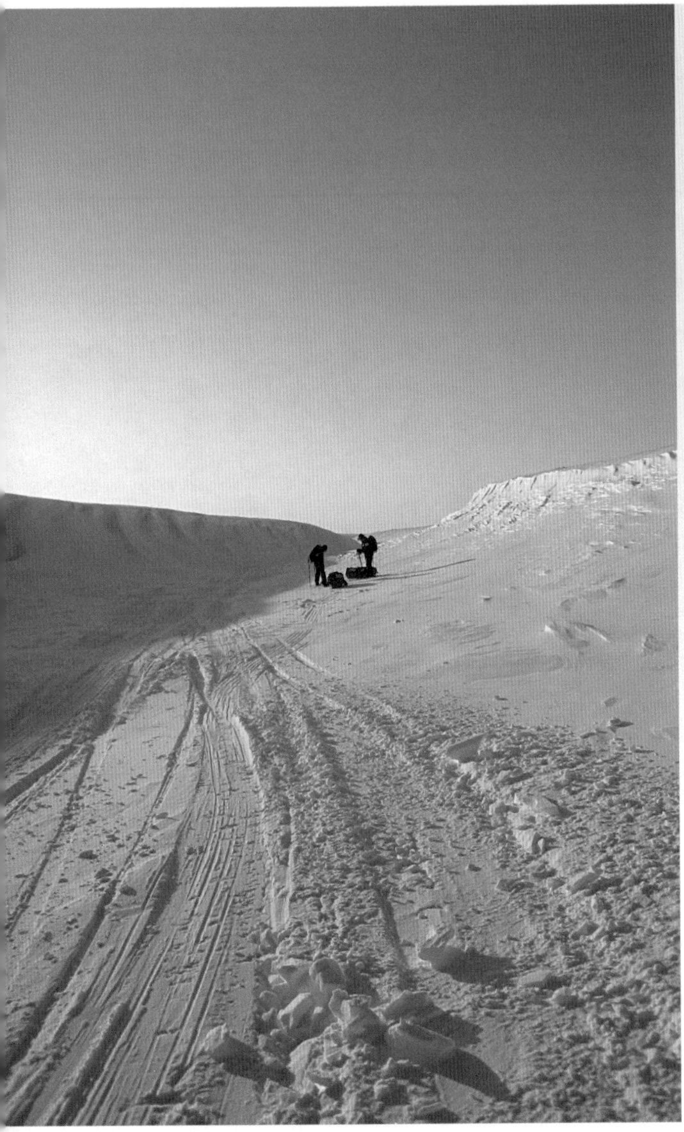

暈，在帳篷內我感到天旋地轉，義傑前輩忙著整理裝備，劉大哥則把煮好的第一碗泡麵先給我吃，喝到熱湯時真的是像重生般，這種笑容幾乎可以像是中了樂透頭獎一樣，再度活過來！今天三十公里走了十二個小時，如果在台灣用跑的話大約一小時四十九分就可以跑完，可見難度極高，吃完泡麵後凌晨兩點，我們三人一進到睡袋裡，三秒內全都睡著。這天，氣溫是零下四十九度。

舉目漫漫無盡頭，目的地何時到來？

第五天，為了讓我們在比賽前一天身體有些許休息，大會把今天公里數減半，十六公里，今天身體感到疲憊，拖的裝備現在感到吃力，速度一直落後，沿路我們還看到北極熊的腳印，海豹被拖走的血跡，六小時後終於走到了起跑點，與各個抵達的隊伍擊掌，還沒開始比賽我已經感到疲憊。帳篷搭好我出去小便，遇到英國隊的馬克，我們聊了起來，他聲音哽咽的和我說他的手指已經凍傷，大會醫生警告他不要繼續比賽，為了安全必須要放棄比賽，明天會有飛機來接走他，我看著他凍傷的大拇指，已經有點成深色，我好為馬克難過，好不容易大家一起撐過這五天，才到達起跑點的啊，我不了解，這是什麼比賽，我不懂，這場比賽的意義是什麼？

經過五日共一百公里的長途跋涉，我們總算抵達起跑點，準備比賽。（圖為起跑點的旗幟）

Polar
Challenge
www.polar-challenge.com
Venture
WEDGWOOD
www.polar-challenge.com

勇闖磁北極

這股能量每天正慢慢的注入我的體內，慢慢的，在這裡呼吸，每一口氣與風的頻率結合在一起，與大自然產生了共鳴，沒有任何雜念，心靈感到無比自由，飛翔在天際，走在北極的冰河上，細雪在太陽的照射下，如鑽石般閃耀。

二〇〇八年四月二十一日，北極大挑戰要正式展開了，出發前楊力州導演拿了DV和袋子給我，因為有些路段太危險，工作人員無法進入，而中間的過程呢，就必須由我來攝影了，出發前楊導還和我說了一句：「彥博，如果被北極熊吃掉，你的手一定要拿著攝影機到最後才能進去。」我開始冒冷汗，隨後楊導趕緊補上一句：「我開玩笑的啦，一切要以安全為重，有特別的畫面再拍下來。」我差點沒被嚇出魂來，不過楊導講北極熊這一句，隔天，還真的中獎。

出發前發生了一個很好笑的事情，我正在帳篷裡面清除冰塊，突然間主辦人員 Tony 出現在門口和我問好：「Ha! Good morning bitch!」我直接回答「Ha! Good morning!」那時我沒有多想以為只是道個早安，停頓四秒後，

「bitch」的單字一直在我腦中出現「bitch、bitch、bitch」。靠！他剛剛叫我Bitch我還回應他，那不是等於我自己承認了嗎。劉大哥和義傑前輩聽到後彎下腰笑得要死，說我是腦袋凍到沒辦法思考嗎，你應該回個：「What's up, booby?」這件事情我被嘲笑到比賽結束還在被笑，真是有夠糗的。

在一切都備妥後，我們移動到起跑線，我望著前方，告訴自己，終於要開始了，只要第一步踏出去，就沒有回頭的機會了，因為這比賽，我們三人說好只許成功，不許失敗！我們都有各自的夢想而來到這裡。站到起跑線上，在起跑前夕，各國選手的吶喊聲頓時為寂靜寒冷的北極增添了旺盛的生命力，彷彿就是在和大自然訴說著，我們來了！大會工作人員與選手一一互相擁抱，也算是一種道別，因為一旦槍聲響起出發後，我們就很難再見到對方了。

在槍聲響起那一刻，我看見被退賽的馬

科技改變愛斯基摩人的生活，以往以雪橇犬拉車移動，現今仰賴雪上摩托車。

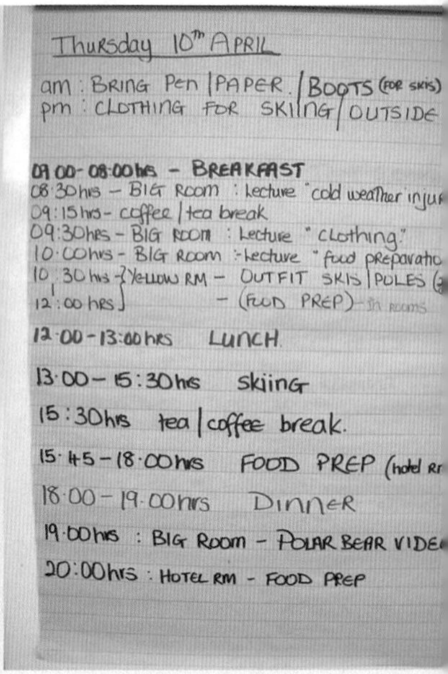
Thursday 10th APRIL
am: BRING PEN | PAPER. | BOOTS (FOR SKIS)
pm: CLOTHING FOR SKIING | OUTSIDE
09.00-08.00 hrs - BREAKFAST
08.30 hrs - BIG ROOM: Lecture "cold weather injur
09:15 hrs - coffee | tea break
09:30 hrs - BIG ROOM: Lecture "Clothing"
10.00 hrs - BIG ROOM: Lecture "food preparatio
10.30 hrs - YELLOW RM - OUTFIT SKIS | POLES
12:00 hrs - (FOOD PREP) - in rooms
12.00-13.00 hrs LUNCH
13.00-15:30 hrs skiing
15:30 hrs tea | coffee break.
15.45-18.00 hrs FOOD PREP (hotel r
18.00-19.00 hrs Dinner
19.00 hrs: BIG ROOM - POLAR BEAR VIDE
20:00 hrs: HOTEL RM - FOOD PREP

右為每日飲食作息時間表。左為賽事進行時，全程所需之食物，而且須由選手攜行。

克跑著衝出去，他陪著我們一起起跑，但深厚的雪讓他摔倒在地，又爬起來繼續往前奔馳並回頭向我們一一道別，我經過他身旁時，看著他濕紅的雙眼，有很多情愫寫在他褐黃色的瞳孔裡，彷彿想對我們訴說著什麼，他紅著眼眶緊緊地握著我的手和我說：「Take care man.」這是一種祝福，祝福我們三人都平安歸來；一種寄託、寄託著他的意念與我們一起到達磁北極點和終點；一種道別，因為也許我們就再也見不到了。突然，一股力量使我們抱在一起，就是因為這個舉動，讓我哭了出來，對我來說，這已經不是人與人的比賽了，而是人與人心靈間的溝通，很自然的，沒有阻隔，沒有軀體，沒有防備，沒有猜忌，沒有疑惑，我好為馬克難過，但也無法幫他做什麼，為什麼！我們好不容易，一起撐過了這麼多訓練，這麼多考驗，大家都變成了好朋友，我們準備了一年多，大家都一起努力過來，大家都不願看到彼此放棄或退賽。與馬克道別後，我們繼續往前進，淚水始終在眼眶裡打轉，我無法控制，這是我第一次被感動，一種心靈的感動，也正是生命的焠鍊，我停了下來，看著大家前進，每個人，都正在為他們的夢想開始寫下自己的故事，我把眼淚拭去，也開始跟上隊伍，帶著馬克的寄託，一起到磁北極點！

清晨四點三十八分，在我們熟睡之時，耳邊突然傳來很厚重的踩雪聲，「碰！碰！」接著義傑前輩突然爬起來向外面看，用輕聲的台語說！「嘿西啥？」

「碰！」（北極熊的腳步聲。）

義傑前輩：「嘿西啥？」（中分貝）

「碰！」（北極熊的腳步聲）

義傑前輩：「嘿西啥？」（高分貝微吼）

「刷——！」（北極熊抓破我們的帳篷。）

義傑前輩：「哇——！北極熊啦——！」

「碰噹！」（北極熊把我們的鍋具咬出去。）

義傑前輩：「彥博！彥博！你快起來！」

我：「我知道我知道！我起來了！」（其實還在睡袋裡不敢動，看北極熊在哪裡。）

北極熊腳印隨處可見，追得我們不時處在警戒狀態。

劉大哥：「靠！我被卡在睡袋裡出不來！」（其實是睡袋的拉鍊結冰卡住。）

在兵荒馬亂之際，我們突然想到數到三，一起亂叫「哇——！」

在叫聲停止後，突然一片寂靜……

這時我很清楚聽到心跳聲和呼吸聲，義傑前輩馬上把我拉起來幫我穿外套說：「彥博！快！你快去拿槍！快去外面嚇牠！」

我：「是！是！是！我去拿槍了！」

但是我其實不敢出去，在門口停了幾秒，我怕我一把門的拉鍊拉開，北極熊突然一掌打到我的頭一定沒命，我趕快把槍拉進來，三人都歇斯底里了，劉大哥說先不要拿槍，到時如果被擊發的流彈打到更危險，我們三人靜止的聽北極熊在哪，我本能的迅速拿起ＤＶ來拍攝，「碰！碰！」北極熊一直在我們帳篷的四周環繞，「是不是在右邊？」我很緊張的問著，但是我們都不知道在哪裡，都憑感覺。突然沒有聲音，靜止了，正當我們以為北極熊走掉之時，突然又有腳步聲快速往我們帳篷逼近，「碰！碰！碰！碰！」而且越來越大

剛出發，就遭遇暴風雪。

聲，心臟突然都快跳出來了，我們數到三馬上又再大叫一次「哇——！喔——！吼——！啊——！」管他的，那時我們的高音應該接近帕華洛第。後來腳步聲漸漸消失，北極熊終於離開了，帳篷的溫度馬上劇降，原來是我們帳篷正前方被北極熊抓破了一個大洞，風一直吹進來，但時間點又很尷尬，因為我們提早一小時起床，大家又很疲勞，在經過討論後，認為北極熊應該不會再來，決定很不要命的繼續再躲到睡袋裡睡到預定時間再起床，但其實是半睡半醒，因為很怕北極熊又來，那種精神壓力很大，任何一個風吹打帳篷的聲音，我都會被驚醒而神經緊繃心跳加速提高警覺，睡著又被自己嚇醒，睡著又被自己嚇醒，這實在很折磨人，好想趕快離開。

我們睡到六點半起床，帳篷也不能和大會更換，因為大會規定只要一起跑後所有裝備都要自行處理，否則就會被取消資格。好冷，我們開始在討論怎麼辦，要用什麼來補，後來最有經驗的義傑前輩很精明的馬上把護目鏡的布和裝食物的塑膠袋剪下來後縫在一起，這樣應該可以撐一陣子。

帳篷又小又擠，暨寒且臭，你能想像三個大男人「同居」二十一天的景象嗎？

高壓冰不時阻擋去路，令我們寸步難行。

我們吃完早餐後開始進行修補作業，洞相當大，所以要一人在冰冷的帳篷外、一人在裡面用針線縫起來。誰在外頭呢，當然是小老弟要出去啊，劉大哥在後頭幫我拿防風罩擋風，因為手套太大抓不到針，只好在零下二十度中脫下保暖手套，剛好那時刮起大風，手指凍到發紅，就這樣，我們一穿一刺在極地做起女紅，花了四個小時才修補好。

前一天體力耗盡，才第二天開始我的體力已在下滑，拖裝備都覺得重，拖慢大家的速度，行動力變得消極。那晚睡前，劉大哥和我說了一句話，「彥博你想完成嗎？如果你要完成，就要看你有多少熱情！」我一直謹記著這句話，到現在還是……

在我二十二歲這個年紀，情緒掌控並不是很穩定，常常會被自己的情緒支配影響，開心與不開心都會直接反映在臉上，但，這是不好的情形，它會影響到整個團隊，我常常整理裝備動作很慢，雪橇一直掉，或是帳篷沒搭好，被唸個幾句，就會默默不語，不想說話，再度掉到自己的「情緒陷阱」裡，劉大哥告訴我：「不要太專注於當下的情緒，否則會影響你接下來做的判斷。」讓我首次學到，做任何事，心情擺盪太大是大忌。途中我開始慢慢調整自己，劉大哥與義傑前輩都會不斷的提醒我、鞭策我、教導我，五天過去、十天過去，好寂靜，什麼東西都沒有，晚上拉開睡袋時還會因為結冰而趴趴作響，簡直是睡在冰箱裡，真的不

誇張，最後都需要鼓起勇氣鑽進全都結冰的睡袋裡，每天都在慘叫中收尾，更何況是拍照了，一脫下手套就會有凍傷的危險，必須忍受著刺痛用力按下快門，所以到後來我們幾乎都練到快速在五秒內完成，每一張照片，是如此珍貴。

抵達終點前幾天，我們卡在「高壓冰」裡，就像亂石倒插，在高達一兩層樓高的冰柱裡跌跌撞撞，失去方向，不斷迷路，不斷的陷入冰層，一路波折，這種三度空間好像進得去卻出不來，我們被困住，被一種東西籠罩著，一個小時甚至只前進兩百公尺，一氣之下，我們用蠻幹的方式一路衝出去，正當我想回頭看是從哪裡衝出來時，我看見一大片冰柱赫然聳立在眼前，好神聖、好巨大，就像有自己的意志與生命般，這種壯闊、這種神祕，讓我尊敬、讓我謙卑，此時，我的信仰在哪？我感到就在這！在這大自然裡，慢慢的，這股能量每天正慢慢的注入我的體內，慢慢的，在這裡呼吸，每一口氣與風的頻率結合在一起，與大自然產生了共鳴，沒有任何雜念，心靈感到無比自由，飛翔在天

在一望無際的北極冰原，只能相信自己所走的每一步。

際，走在北極的冰河上，細雪在太陽的照射下，如鑽石般閃耀。

靠近終點前，我看著兩位大哥的背影，劉大哥與義傑前輩，感謝這一切，感謝兩位大哥教導我的一切，在這二十一天裡，我們一起生活，一起冒險，劉大哥用個人經驗教導我許多心理的調適與邏輯方向的思考；義傑前輩，教導我許多極地的生存技能，與許多重組架構的方法。我很幸運，能夠讓兩位傑出的前輩這樣帶領著，再回頭看我們滑過來的路，好遠，好遠，同樣的時間，同樣的地點，同樣的人事物，只要到達終點線那一刻，這一切，都將變成回憶。眼淚在雪鏡裡結成冰塊，許多的感謝，一直放在心中，好想緊緊的抱住劉大哥與義傑前輩。我是個很感性的人，感動於人與人之間的氛圍，感動於任何感性的瞬間。

最終，我們獲得了第三名，並創下紀錄，成為歷屆最年輕完成挑戰的選手。參賽前，二十二歲的我正面臨人生抉擇，大學畢業是否繼續做馬拉松選手？或是先去當兵？或創業？直到跨越終點線，沒有觀眾、沒有掌聲，但卻感到內心前所未有的成就感，這是對心智與勇氣最大的考驗，我沒有征服什麼，只有征服內心對自己的懷疑與恐懼，我下定決心，要踏入極限運動的領域。

終點的右邊，相隔五公里處有一架失事已久，被冰封的飛機，左邊則是個無人城，看起來像是科學研究站，有路燈、有房舍、有機具，也有石油，都擺放得整整齊齊，房舍入口處被雪堆埋住，我們一行人好奇的決定爬進去一探究竟，

高壓冰

俄羅斯科學研究人員指出，冰層間壓力過大受到擠壓，或是兩塊冰層碰撞所隆起的冰柱，常常在冰河裂縫或是板塊周遭可看見。

通過這支巨大的冰柱，約莫三公里後，我們終於完成磁北極大挑戰。

空蕩蕩的走廊，路線又像迷宮，東西散落一地，樓梯老舊的木頭聲，老實說挺令人害怕的，感覺好像一夕之間，遇到什麼事情，所有人全部都消失了。詢問主辦單位也不清楚，網路上也沒有任何資料，大家百思不解，好想知道在這裡到底發生什麼事，唯一知道的，在北極，永遠流傳著許多被冰封的故事，現在，我們也被記錄在故事裡了。

回到台灣後，爸媽到機場接我，看得出來他們激動的神情，看見我消瘦與凍傷的臉孔，爸爸輕拍我的肩，媽媽則是給我一個擁抱，三人沒有多說什麼，但此時此刻，我感到好幸福，與家人簡單的幸福，一個多月沒見，感覺像是過了一兩年。在高速公路上，車內的氣氛，慢慢的溫暖起來，從鏡子裡，可以看到爸媽微微的笑容。可能是補償心態吧，當天光是早餐我就狂嗑五人份：燒餅油條、豆漿、肉包、飯糰……等，嚇壞了我爸媽，然後連續睡了兩天。

北極到底帶給我什麼改變與震撼，是金錢觀、人生觀、地球觀，還是擁有的欲望……這是一趟苦行，一趟重新省思與重新認識自我的一趟苦行，沒有物質的享受，而是赤裸裸的在大自然下接受著環境與自我人性的考驗，對於到達遠在北極終點的渴望、興奮、猶豫、期待、不安、自信、懷疑、等待、失落等情緒都在過程中出現過。尋尋覓覓，在我二十一歲時，我觸及到了我的心弦，它，正開始歌頌著生命的詩歌……

3

一百封的信件與電話

被當作詐騙集團

您現在進入的是語音信箱，如有任何問題請留話，我們會盡快回覆您，謝謝您的來電。

「夢想」，在當下的社會已被大家視為天馬行空的幻想，我們敢夢，卻不敢去想，這一個名詞，在我們自己的腦中不斷的編織構圖，慢慢的變成了一個虛構、虛幻的童話故事，它被擺在大腦空間中的角落，藉由各種想像，來滿足我們自己，滿足我們的未知、滿足我們的懶惰，確實，夢想與現實世界的確是有段差距。每天晨間與下午重複的訓練，跑在制式化的田徑場、馬路、山區、海邊的「現代人造空間」，登山步道、堤防、海灘公路，四處被人類開發的環境，已讓我感到些許厭倦，即使在大自然中，吸著茂林裡的空氣，吹著海風，卻再也感受不到任何原始的悸動，我渴望轉而投入大自然懷抱，再度回到那純淨的世界，但在台灣，身為一位運動員，要奔馳在世界夢想的道路，費用動輒近百萬，談何容易。

許多人都和我說過一樣的話：「你可以去找林義傑前輩協助啊！不然就去找遊戲橘子劉執行長幫忙啊！怎麼那麼傻！拐彎抹角的不是繞了一大

圈又浪費時間。」是啊，我怎麼那麼傻，我也問自己，但，謹慎的思考這個問題，沒錯，它確實是可行的方法，而且比較不會那麼百般辛苦，但是，手心向上的請求別人，隨手可得的資源，就算成功了，我會懂得珍惜嗎？我會懂得那價值嗎？況且別人為什麼要教你？就算真的可以，我相信，到頭來，我只是會跑步而其他什麼都不會的笨蛋而已，這是我要的嗎？輕易就達成的事情，一下子就想登頂，如果摔下來，一定會摔得很重，甚至有可能一蹶不振，不懂中間的過程，不會學習，也不懂得珍惜，更不知道價值在哪裡。

我好想讓自己更獨立，讓自己更有能力，可以獨自去探索這個世界，讓自己能夠面對問題、處理問題、解決問題，這是我對自己的渴望，成長的渴望！為了累積更多社會經驗，我去了很多地方打工，京華城旁的果汁店、伯朗咖啡、餐廳……等，一方面賺點比賽資金，也可以學更多事情，接著我花了兩個月開始著手上網查詢許多極限運動的相關資訊與各個網站，英文、法文看得「目煞煞」，太多資料幾乎每天都查到半夜一、兩點，儲存下來後再一一分類，後來看到國外都在熱烈討論的「金氏世界紀錄——世界最冷，北極點馬拉松賽」，馬上心動，一方面想，對於寒冷的環境，有些經驗，對於裝備，可以沿用磁北極比賽的，不就可以省下一筆開銷，暗自打著算盤，我的內心已被網路上壯麗的圖片與影片吸引進去，這股強烈的吸引力讓我無法自拔，我身陷其中，但光是報名費就要六十萬元，對於大學剛畢業，才要唸

過度訓練的背後，脫下襪子，往往出現的都是水泡與血泡。

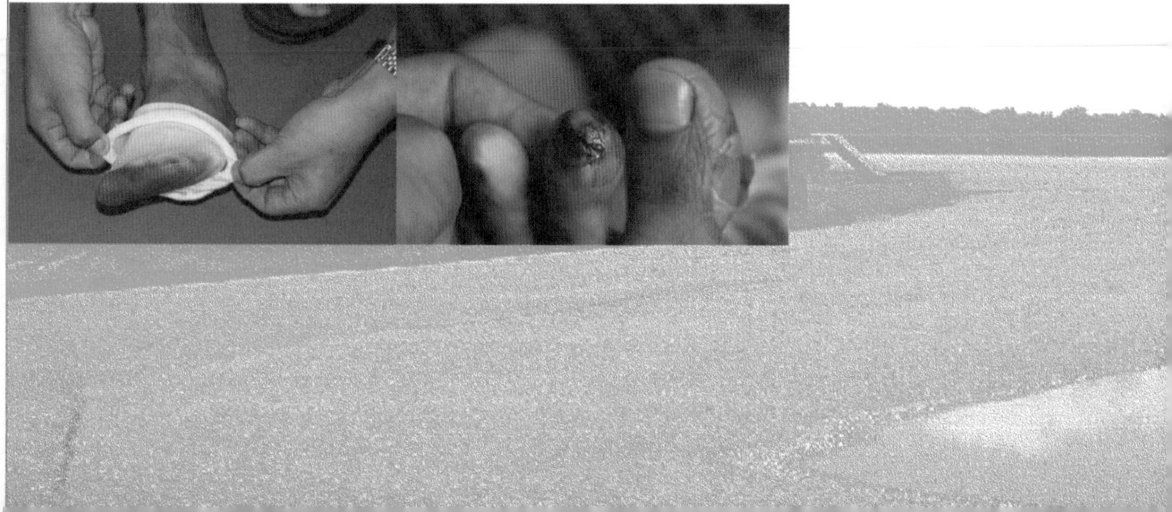

研究所的我來說，真的是天文數字。

「開始吧！」隔天，我起床後帶著源源不絕的動力，將高中潘老師所教的一切與大學自學的技能熔於一爐，開始動工自己製作企劃書，在這之前，我沒有看過任何範本，沒有人教我怎麼做，完全是個門外漢，只知道注入全心全意的心意，全神貫注在製作企劃書上面，懷著滿腔的熱血和一股衝勁，學習各種電腦軟體，套用在企劃書上，不斷的修改語詞，不斷的變化美術編排，以及尋求一些朋友的意見後再三修改，對自己充滿著信心，套上最近的用語，應該就是所謂的「自我感覺良好」吧。一個月過去，終於完成了我的第一份企劃書。隔天便開始上網找國內百大企業名單，鼓起勇氣，右手毫不猶豫的拿起電話筒，左手慢慢的一個數字一個數字按下撥號，且慢，會這麼匆忙嗎？不，其實在撥電話前我像瘋子般，自言自語練習對話內容不知道有幾百遍，「嘟——嘟——」，話筒響起，我的心跳開始加速，清楚到可以聽到左胸口跳動的聲音，我不斷的吞口水，呼吸頻率也隨之加快，四個響聲後，「喂，○○企業您好。」是個年輕小姐接起電話。「你好，嗯，不好意思打擾你，那個……」

天啊！我剛剛的稿子全忘光，狂吃螺絲，緊張到嘴巴都快抽筋，但我趕緊吞下口水硬是講下去，「你好，我叫陳彥博，是今年與林義傑及遊戲橘子劉執行長一同去磁北極比賽的選手，請問……」

「什麼，你剛剛說什麼？」對方有點驚訝的回答。

「你好，我叫陳彥博，是今年與林義傑及遊戲橘子劉執行長一同去磁北極比賽的選手，我們獲得第三名。」我又重複一次。

「這樣啊，恭喜你喔。」

「嗯，謝謝，那個……明年我將要參加北極點的馬拉松，不知道……是不是有可能，可以結合公司的理念，然後……一同去比賽……」

「啊？你說什麼，我聽不太懂。」

於是我又結結巴巴的重複一次，但始終不敢把贊助講出來。

「我還是聽不太懂你想說什麼耶。」她有點不耐煩的回答。

我終於稍微比較順的再講一次。

「你想講什麼，要贊助嗎？」講到一半的時候她突然插話問我。

「ㄟ……是的，不知道……是不是有可能。」我的天，一句話直接當場被戳破，我覺得好丟臉，這種被人家不耐煩識破的感覺，就好像被脫光衣服踢上街一樣，如果是面對面我一定馬上低頭不敢抬起來。

「你等等，我幫你轉總機。」

「喔，好的，謝謝你。」我還客氣的回答。

「總機您好。」我又再把剛剛的話吞吞吐吐全都講一遍。

「您稍等。」突然電話裡傳來一陣聲音，「您現在進入的是語音信箱，如有任何問題請留話，我們會盡快回覆您，謝謝您的來電。」

結果，我還傻傻的再講一次，掛掉電話後，才發現我忘記寄企劃書，之後再打過去，都被轉接到語音信箱，這是我生平第一通，尋求贊助的電話。

「啊那也安捏。」掛上電話後我問自己，蠢斃了你，陳彥博，你剛剛在幹嘛，馬的，好丟臉，但我卻還笑得出來，我鼓起勇氣繼續嘗試撥打其他企業的電話，慢慢的越講越順，在第四家企業後，終於順利的寄出第一份企劃書，被第一通打落谷底的心情慢慢又有了一點點期待。

兩個禮拜後，我打了近三十家企業，當然，幾乎都被拒絕，不然就是等待回覆消息，甚至更扯的，你們一定不敢相信，我竟然被當成詐騙集團，我如往常般的撥電話，電話接起，正當我用一分鐘介紹完自己之後，對方男生回答：「那是什麼比賽，為什麼要準備那麼多錢！請問你從哪裡打來的！是什麼單位？」我趕緊解釋，他接著說：「我們不需要，請不用打來了，謝謝！啪！」這聲響震得讓我耳朵有點不舒服，感覺到電話掛得很用力，我看著手機，愣了五秒，然後慢慢的嘆了很長的一口氣，這一口氣的重量好重，壓在我身上，腦袋沒有任何想法，我轉動著手機，問自己是不是哪裡做錯了，讓對方誤會。幾分鐘後，我告訴自己，沒關係，一定還有很多機會可以試試看，我不覺得丟臉也不會感到挫折，因為我知道一定是有哪裡需要改進的地方，讓我反

日以繼夜，除了訓練，我日日盯著電腦螢幕，為尋找贊助而努力。

而更卯起來繼續撥電話，但，一個月過去，每一通，一樣都拒絕，或是被掛上電話，心情越來越低落，加上爸媽看我一天到晚都關在房間裡，不知道我在幹嘛，有時又沒有去幫忙家裡的工作，於是和爸媽起了口角，又開始鬧得不愉快，這時，是冬天，是令人感到寒冷的冬天……

二○○八年十二月五日，我依舊在家裡打電話尋求贊助廠商，但今天皮皮卻是異常的奇怪，坐在我房間門口一直看著前方，不管我怎麼叫牠，皮皮也只是回頭看我一眼而已，不會像以前一樣進來躺在腳下和我撒嬌，讓我感到有點不安。突然，我的手機響起，是在上班的爸爸打給我，接起來只聽到爸爸哽咽的聲音說：「媽媽現在在新光醫院急診室，你趕快過去……」我腦中一片空白，一分鐘內馬上衝到樓下攔計程車，一路飆到醫院急診室，在計程車上我握緊雙手一直祈禱媽媽沒事，拜託沒事，此時腳已經不停的發抖。

到了醫院我衝進去問櫃枱：「請問剛送進來急診的病患在哪？是我媽媽！」「你是她兒子？李小姐剛剛送去電腦斷層掃描。」我趕緊跑過去，一一尋找躺在病床上的病患，一直祈禱媽媽平安。但找來找去都不是，突然，

斷層檢查室的門開了，我看見媽媽，床單上有血，掛著點滴，右邊的臉整個腫起來，臉部都是傷，流很多鼻血。我立刻衝過去握著媽媽的手大聲說：「媽！你怎麼樣！是我啊！我是彥博！你知不知道我是誰！」媽媽躺在床上動都沒動，慢慢的睜開眼睛，瞳孔只看一看我再看向天花板，臉部沒有任何表情，我看見媽媽眼淚從眼角慢慢的流了下來，我好難過，好難過，緊握著媽媽的手我哭了出來。心好痛，眼淚浸濕了媽媽的床單，媽媽依舊看著天花板。之後醫護人員馬上又進去做X光檢查，並問我是不是家屬，門關起來後，我呆站在門前面。

突然有人過來和我表明他是對方的保險人員，說下午小貨車轉彎沒打方向燈直接撞到我媽媽，機車卡在貨車下面，拖出來後直接送來急診，我想到事態嚴重，看到那個司機，我狠狠的瞪著他，那司機馬上過來和我解釋說：「拍謝啦，就開車轉彎的時候沒有看到你媽媽在後面就撞上。」我馬上說：「你他媽的會不會開車！你會不會開！你拿什麼屁駕照！」司機：「啊就……」「你不要在和我說任何一句話！在我媽媽還沒清醒以前！你不要再和我說話！」後來媽媽被推出來到急診室外面等候檢查報告，我推著病床，看著媽媽，握著媽媽的手，緊緊握著！一直叫媽媽不要閉眼睛，因為媽媽都不能講話，我一直說我是彥博，如果你知道你就眨一下眼睛，還好媽媽有眨一下，才讓我放心一點點。我趕緊拿衛生紙幫媽媽擦臉上的血，問媽媽會不會冷，幫媽媽蓋好棉被，媽媽眼睛一直看著天花板，偶爾看我一下，我沒辦法想像現在在我眼前

的，是我媽媽。

醫生過來說：「現在還不確定情形，先在外面等報告出來，不要讓你媽媽睡覺，一直和你媽媽說話，握她的手，如果手沒力或是叫不醒要趕快叫醫生。」媽媽的眼睛一直快瞇起來，我試著一直問媽媽簡單的問題。之後，爸爸也趕來了，我出去外面喘口氣，那司機過來安慰我說：「你不要緊張啦，是皮肉傷。」我簡直聽不下，馬上大喊說：「如果是你媽呢？你和我說啊！如果是你媽媽被撞到呢！如果躺在那是你媽呢！」警察馬上拉住我的手，叫我先冷靜，後來我爸趕快把我帶進去陪媽媽，讓警察來處理。之後哥哥也來了，大家都紅著眼眶，一直握著媽媽的手，陪在媽媽旁邊，爸爸也紅著眼眶，但是不想讓我們看見，我們知道爸爸很堅強、很勇敢。媽媽的眼角又流下了眼淚，我幫媽媽擦掉。

等了兩個多小時之後，醫生出來說沒有內出血，不過有腦震盪，左邊肋骨第五根斷掉，需要住院治療。我們從下午四點多等到晚上九點，終於好不容易排到了病房可以休息，但是媽媽一直吐，無法進食與喝水。我坐在床邊陪著媽媽，只能握著媽媽的手，摸著媽媽的頭，希望媽媽可以舒服一點。接下來幾天，我和哥哥輪流睡在醫院陪媽媽，看著媽媽睡著的樣子，問自己為什麼撞到的不是我。我每天都在祈禱，媽媽，您趕快好起來，您要加油。抱歉之前我對您的冷言冷語，媽媽，對不起。

苦盡甘來

打一百通的電話、發一百封的email、寄一百份的郵件，只有兩次的簡報機會，如果換算成自己追求夢想的公式，我想可以這樣來形容：成功機率只有百分之二。

慢慢的，兩個禮拜後，媽媽的身體終於好轉，讓大家都放心了，在醫院的夜晚，格外的寧靜，晚上看著媽媽睡著後，我知道我無法停止，無法停止繼續追求夢想的渴望，暫停的計畫再度拿起，我偷偷的打開筆記型電腦，靠著小燈在旁邊的小床繼續修改著企劃書與找資料，如果媽媽一翻身或是有動靜就馬上裝睡，不敢讓媽媽知道，就這樣度過了快一個月。

媽媽出院後，我們全家更懂得珍惜在一起的時光，家裡的氣氛也越來越融洽，我開始自己過著每天自主訓練與找贊助廠商的生活，從二〇〇八年年底一直到二〇〇九年三月，越接近比賽時間，我從剛開始的鬥志高昂，到後來每次打電話前都承受莫大的壓力，好不容易將企劃書寄出去，以為會有一絲絲的希望，卻都石沉大海，而此時報名期限已過，我不斷寫信請求北極點馬拉松的主辦單位能否讓我延遲付報名費，但兩個月過去、三個月過去……

眼看二〇〇九年四月的比賽日期一天天的逼近，仍無企業青睞，贊助還是遲遲沒有任何消息，我感到恐懼，不知如何是好。直到主辦單位來信詢問，我只好向主辦單位說：「對不起，我還是找不到贊助，今年沒有辦法參賽，很抱歉……」但我沒有放棄！我依然抱著一絲希望，大家相信嗎！四月初的比賽，我竟然到三月底都還不放棄一直再找贊助，就像是在做垂死掙扎。直到比賽當天，我坐在家裡，鬥志全失，看著日曆，頹廢不已，極大的打擊，身為選手，比賽開始，我卻只能想著賽場、看著網頁，無法比賽……

頹廢的這一個月，是我人生中最大的挫折，我把製作的企劃書丟在一邊，碰都不碰、看也不看、想也不想，常常晚上騎車到家裡後面的堤防，呆呆的看天空坐在那。有一天，我回憶起去磁北極比賽的畫面，記起遊戲橘子劉執行長和我說過的話，「彥博，完成一件事情，關鍵在於你有多少熱情！」沒錯！我都忘了磁北極六百公里巨大的挑戰我都撐過來了，這算什麼！恐懼和憂傷會抑制行動，而憤怒則會激發行動，我把它當作我最好的武器。我沒有被打倒，很快的調適好心情，馬上再度準備為十一月、被喻為世界最美麗的馬拉松——「喜馬拉雅山一百六十公里分站賽」奮鬥，尋求職場上的許多大哥大姐幫我看企劃書，指點意見，並上網搜尋每一家理念相同的企業，或是出門開始觀察消費者與企業行為，重新針對每一家企業製作精美簡報，重新出發，我不敢說自己做了多好，但是我盡了全力，真的用盡了全力，不

厭其煩的繼續打電話，每天早上六點訓練到八點，回到家做好心理建設後，十點開始打電話找贊助到下午三點，三點再訓練到五點半，晚上則是勤唸英文、和主辦單位聯繫、修改企劃書、上網看官方網站讀資料……等，常常每天睡眠只有四個小時，沒有人逼我，沒有人強迫我，就我一個人，獨自努力的每天一直重複著一樣的事情，我不知道會不會找到贊助，也不知道能不能去參賽，但我每天依然繼續努力揮汗訓練著，繼續打不可能的電話。我想這就是夢想的力量如此吸引人、讓人深信不疑的地方，不管成功與否、不管有沒有可能、不管有沒有結果，我還是會去做這些事情，我繼續穿上跑鞋訓練，繼續撥打電話……

二〇〇八年年初到七月這段時間，我常常夜晚一再修改簡報，翻譯英文，直到聽見鳥鳴聲，漆黑的夜晚慢慢被一絲光線劃開，我抬起頭看著窗外，原來，已經天亮了，六點，換上跑鞋，去訓練吧。在跑步中等待太陽升起，讓汗水在日出的照射下洗淨全身，洗淨我的心靈，回到家，繼續一樣的生活頻率，新的簡報變身成終極版後，我開始再度燃燒，燃燒我的熱情，有時一天打五、六十通電話，只有一通願意讓我寄簡報過去，但對我來說，就很開心了，能夠成功寄出一份簡報，就是一次機會。每天，我都告訴自己，至少都要寄出一份，過程中什麼事情都有可能發生，被當作「詐騙集團」掛電話是常有的事，或者打了一整天的電話，卻都找不到人，不然就是沒有接

百大企業在紀錄表上畫X的印記，都標示被拒絕的挫折。

通，甚至有一次我打電話去詢問進度，聽到的是「你是哪位？喔喔喔，不好意思，你的企劃書我們有討論過了，但沒有你的電話沒辦法通知你，真是抱歉。」但明明簡報第一頁我就已經清楚的寫上我的電話，當下就知道他們連看都沒有看，但我依然還是很客氣的致謝。從第一通電話開始，我就知道沒有那麼容易，所以我早就做好被掛電話和拒絕的準備，才不會被對方的態度影響到自己的心情，即使吃鱉了半年，我還是可以一直保持心態繼續打下去。

找贊助的過程中，我記得最有趣的一次，我打電話去一家飲料公司，對方的楊小姐非常感興趣，請我下個禮拜去他們公司與總經理簡報，我的天！終於有機會了，我加把勁製作精美簡報，每天熬夜，直到下禮拜約定好時間要出發前我再撥了一通電話確定：「你好，請問楊小姐在嗎？」

「不好意思，她，離職了，請問有什麼事嗎？」

什麼！不！怎麼會！我悲情的吶喊，趕緊問說：「不好意思，我是要

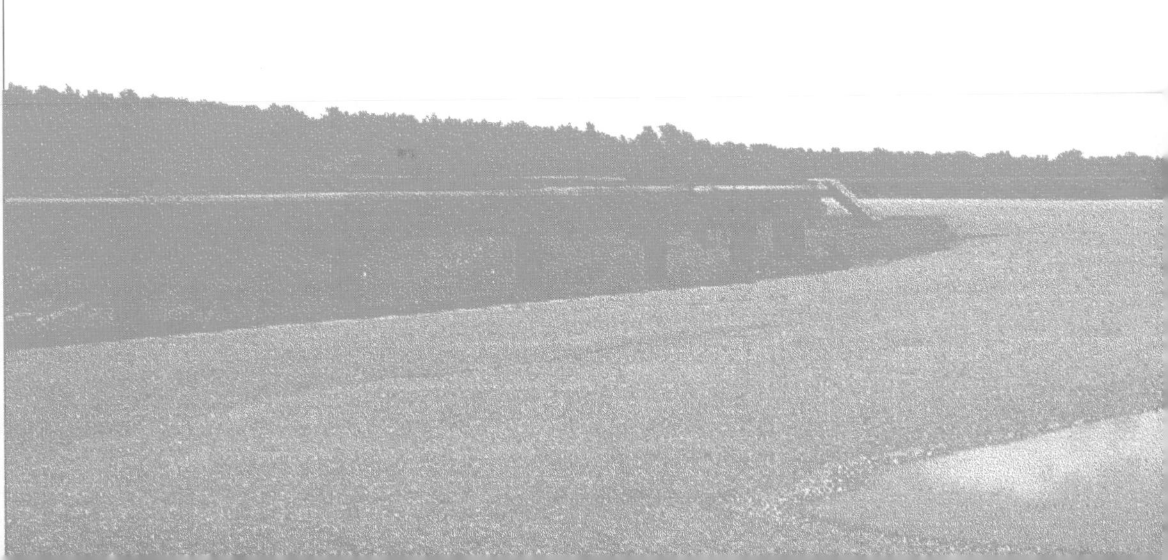

去喜馬拉雅山比賽的選手，楊小姐請我今天下午與總經理做簡報。」

「這樣啊，可是我們沒有接收到這樣的消息耶。」

「不好意思，那是否可以冒昧的請您幫我與總經理問一聲呢？」我不想錯過這個機會。

「好的，請你稍等。」

結果他可能沒有按電話的等待鍵，我聽到在一旁的總經理說：「什麼？要做什麼簡報，拉贊助？那叫他不要來了。」

我放下話筒後，心臟痛了一下，好像被人捅了一刀，可惡，就好像才剛起飛後大吼喔耶！然後馬上墜機，怎麼會這樣，到底是哪裡不對，為了夢想我一直努力著啊！我沒有放棄過，也從來沒有認輸過，我相信夢想，更相信我所努力的一切。一個人，每天，我都努力著，每當我在訓練時，彷彿，就可以看見了未來，我正在喜馬拉雅山比賽中奔跑著，為了夢想，一直奔跑著，但是當我伸手想要抓住夢想時，它卻突然雲消霧散……我回到了現實，我不想放棄，我該如何是好?!

上次去磁北極參賽向朋友借款還剩一點沒有還完，電話一通一通的撥，email一封一封的發，郵件一份一份的郵寄，但是多數換來的，卻是被掛上電話與無情的言語，以及無止盡的等待。這種無助，有時夜晚，我會偷偷紅著眼眶，強忍著不讓任何一滴眼淚流下來，我提醒自己，眼淚，要留到完成

夢想的那一天，才值得。但有時我也會問自己，我做得到嗎？我開始矛盾，我開始懷疑，我不相信命運，因為命運是要靠自己，靠自己打拚出來的！我還能做些什麼，付出我所有的歲月，我已做好所有準備，等待機會的來臨，我一定會緊緊的抓住它，一定會！

一個月打了快一、兩萬元的電話費，媽媽接到帳單差點沒抓狂，此時，我已經快撐不下去了。有一天，我收到台灣歐舒丹股份有限公司惠慈的回信，通知我前往簡報，這是唯一的機會！也可能是最後的機會！我用盡所有的力量，做了最好的準備，請在銀行上班的林怡君大姐幫我複習，當我的聽眾，告訴我哪裡該如何表達，我特別打理儀容，自己燙好襯衫，前往位在中山北路晶華酒店旁的歐舒丹，依循著潘瑞根老師教導的應對進退與禮貌，用熱情帶點積極的口吻，向與會人員盡力表達想奔馳在世界的夢想與理想。

二十分鐘結束，我讀不出任何心思，總經理陸雨廷大哥輕拍我的肩，「彥博，我覺得你的夢想很好，也希望你可以影響別人。」這句話，讓我既緊張又害怕，帶點肯定，也帶點拒絕，我已經傻傻分不清楚。回到家，漫長的等待時間，夜晚常常令人感到惶恐，過了一個禮拜，我訓練完回到家，身上還流著汗，打開信箱看到一封信件，是歐舒丹的回信，慢慢的將滑鼠點擊，打開視窗，當場，眼淚就流了下來，上面寫著：「彥博，總經理相當認同你的想法與熱情，雖然國外總公司預算有限制，經過內部主管開會討論，我們會

曙光乍現，歐舒丹是首家同意贊助的企業，左為歐舒丹總經理陸雨廷。

全力支持你，要繼續加油喔。」我坐在床邊，淺笑，地上已經一攤濕了，是汗水與眼淚，已經混合在一起，我好想馬上打電話過去大聲答謝，強烈激動的情緒，又伴隨著感動，我獨自在房間享受這份喜悅，握緊雙手，近一年多的失敗與無助，告訴自己做到了！終於！做到了！終於可以參賽了！

接下來一個禮拜，偉盟國際（The North Face）劉保宏總經理也大力支持，贊助專業的裝備，中華民國健行登山會翁注賢理事長與陳遵憲秘書長也全力協助我申請體委會參賽經費，一切都慢慢的順利起來，後創意的江家欣總經理看到我的部落格聯絡上我，為了幫我籌措經費，聘請我當 Model 做衣服拍攝，銷售全部當作我的比賽基金，內心實在是太多的感謝，無法用言語來表達，打一百通的電話、發一百封的 email、寄一百份的郵件，只有兩次的簡報機會，如果換算成自己追求夢想的公式，我想可以這樣來形容：「即使成功機率只有百分之二，只要咬緊牙根撐過，好運就會接二連三的來。」

血光之災，神給我的挑戰

腳趾頭的肉被磨掉一塊，肩膀磨掉快十五公分的肉，此時距離「喜馬拉雅山超級馬拉松賽」只剩三個月，好不容易才找到贊助商，卻讓我連續兩次進到急診室，老天爺啊，你在考驗我嗎？

晚餐與爸媽一同在餐桌上吃飯，我鼓起勇氣開口了，「爸媽，我找到贊助了，十月我會去印度比賽。」一樣的反應，我也早料到，眉毛一皺，魚尾紋都擠出來，「一次不夠嗎？還要繼續去比賽嗎？」媽媽回答，爸爸則是沒有說話。

「放心，我做了很多準備，聯絡的資訊我都會讓你們知道。」這次我改變策略，與其說，不如做，為了讓爸媽更了解我在做什麼，我把網路的資訊、企劃書，還有班機資訊都讓爸媽看過，準備一份給爸媽，也把我的行程都寫在家裡的大日曆上，試著讓爸媽更了解，也更放心。雖然還是有一點反對，但感覺已經獲得了一點認同，算是終於革命成功吧。

我開始積極投入訓練，可能是快一年的忙碌，不斷的摧殘自己的身體，有一天午覺醒來，突然肚子發出「噗搭！」聲響，越來越痛，跑去廁所拉了

好幾次後，坐在客廳開始頭暈想吐，想說再去休息一下好了，結果一起身嚴重的上吐下瀉，肚子痛到我快翻白眼，心想不會是「九孔胃」復發吧，就好像是電影裡「異形」的寄生蟲從肚子要爆出來一樣。折騰到晚上八點我只好投降，自己騎車去醫院急診，打了一針，讓我更想吐，臉色發白痛到在椅子上發抖，之後又檢查了超音波和吊了兩袋點滴，回到家還是很暈，洗澡時突然就「噗喔喔斯啦喔喔喔」胃裡面全部的東西都吐出來，醫生說大概是壓力引起的潰瘍，但為了比賽安全起見，下禮拜要繼續做檢查，老天爺真是和我開了一個小玩笑。

兩個禮拜後，早上六點騎機車載女朋友上班，騎到民權東路時速約在五十公里，經過林森北路交叉口時，記得民權東路上是禁止汽機車左轉的，所以我很放心的騎，突然有一台對向的計程車靠內側直行，車速有點快也沒有打方向燈，我趕緊先按了兩聲喇叭，此時距離路口只剩十公尺，哪知，計程車直接左轉，瞬間我反應不及，連煞車都來不及按，計程車直接撞上摩托車車頭，「碰！」一聲巨響，我和女朋友被撞飛，還在空中翻了一圈掉在地上接連滾了幾圈，一回神時已經趴在地上了，我緊張的立刻爬起來，第一個念頭先看女朋友有沒有

事，還好還好，老天爺保佑，沒有傷到臉也沒有骨折，但是白拋拋的膝蓋被磨掉了一大塊的皮，看了好心痛。回頭看機車離我們好遠，大約被撞飛十公尺，我則是右腳拖鞋不見，還有東西那在「滴滴答答」，看了一下，原來是腳趾頭的肉被磨掉一塊，還沒掉下來掛在腳邊，肩膀磨掉快十五公分的肉，這是我第一次坐救護車。此時距離十月的「喜馬拉雅山超級馬拉松賽」只剩三個月，好不容易才找到贊助商，卻讓我連續兩次進到急診室，老天爺啊，你在考驗我嗎？你想看看我有多少能耐嗎？且慢，我並沒有因此感到消極、自怨自憐，而深信所有發生的一切都是上天給我的考驗，如果是這樣的話，我更不會因此被擊倒，我想這就是我的個性，才讓我撐到現在，仔細的休養身體、復健，重新訓練，一切都為了準備迎接下一個考驗。

那根拉
La ken la
海拔 5190米

4

神的住所，西藏高原移地訓練

宇宙的力量

那股慈祥、那股莊嚴、那股神聖、那股令人謙卑的力量從眼神中散發出來，看穿了你的一生，無限心裡的悸動與感動，帶你進入無極的世界。

大家常說西藏西藏，其實意指的就是西邊的寶藏，人人不一定可到達的地方，神仙的居住之地，活佛的前生後世，被喻為「宇宙的中心」。

面對喜馬拉雅山的超級馬拉松比賽，在蒐集資料後，決定八月二十五日先隻身前往西藏拉薩高原移地訓練，讓自己可以先適應高海拔與低氧的環境，但因為台灣沒有辦法辦理入藏通行證，也稱「藏簽」，必須要到內地才能辦理，而且還必須等上三到五個工作天，絞盡腦汁後透過管道終於讓我拿到手，真是一番波折，但兩個禮拜的訓練，費用可高的嚇人。

到拉薩有兩種方式可達，一是搭乘青藏鐵路，還要翻過幾座五千公尺的高山，二是搭乘快速方便的飛機，為了把握寶貴的兩個禮拜訓練時間，我選擇後者，從台灣飛到成都休息一天，再飛到西藏貢嘎機場，才剛從雲層下降，原以為可以俯瞰整個西藏高原，沒想到卻離地面如此接近，周遭四面環山，被油綠的高山包圍著，你可想像過陸地與天空有多接近嗎，伸手就可以觸及雲端的地方，我想這裡就是了，有著「世界的屋脊」之稱的西藏。偏僻的機場距離拉薩市約有一百公里，坐大巴車約一個半小時的車程，稀薄清晰的空氣、沉重的身體，這是我下飛機的第一個印象，北緯二十九度，高三千六百五十公尺的拉薩，藏文的意思稱為「聖地」或是「佛地」，因長年陽光充裕，一年有一百二十五天都在陽光照耀下，又被稱為「日光城」。

下飛機半小時後，在大巴車上大腦的中樞神經反應到氧氣不足，明顯的感到有點喘，需要比在平地用力拉長深呼吸的時間才感覺吸飽，此刻才真正感覺到呼吸的重要，甚至我搬十公斤的行李到旅館三樓，光是這樣

對許多藏民來說，能進入布達拉宮，是一輩子的恩賜。

我就已經氣喘如牛、眼冒金星。在這裡純樸的藏族幾乎是住在與台灣玉山三千九百五十二公尺等高的高度，卻還能自在的生活，做辛苦粗重的工作，令我不得不佩服。前五天光是人體最簡單的動作行為，呼吸、走路、爬樓梯，心跳表就已經跳到一百三十下，在台灣如此簡單的事情，在西藏拉薩一切都變得不容易，變得如此重要，在平均四千公尺以上的西藏高原，跑，別開玩笑了。

前兩天都在適應高地環境，先用走的方式來取代訓練，參觀許多寺廟，拉薩為西藏自治區首府，在一九五〇年也可以說是全世界最高的首都，但現今世界最高首都為南美洲玻利維亞的拉巴斯，海拔三千八百二十九公尺。在這裡有一千三百多年歷史的古城，入城後馬上被高一百一十七公尺、金色光芒閃耀所吸引，抬頭望去正是依山建築的布達拉宮，是西藏建築藝術成就及文化藝術繁榮象徵，長期以來就是西藏文化、經濟、政治、宗教的中心，是達賴喇嘛的冬宮，夏宮在距離一公里外的羅布林卡，不管在布達拉宮的內或外，都可以感受到那股神聖又神祕的力量，須前一日預定一百元人民幣的門票，限

西藏的道路上，盡顯塞外風情。

定一小時的參觀時間，卻能讓你走進歷史的輪迴，感受宮殿的神聖，傳說裡頭共建有九百九十九間房間，隱密的第一百間房間，是通往地心的入口、通往香格里拉之地，在各個宮殿裡的任何佛像與坐墊、袈裟，都可以讓你感到是有形體的崇敬，神來神往的聖殿，你會發現不管虔誠的藏民身在何處膜拜，手永遠都是比著布達拉宮的方向，有幸能夠進入布達拉宮的藏民，都當作是生命一輩子的恩賜，值得大家此生必定要來追尋一次。

小昭寺，相較於其他熱鬧的寺廟，這裡有著寧靜的

凡間生活，是我最喜愛也無法忘懷的地方，就在不起眼的商店街旁，不注意的話很難發現，門票二十元人民幣，成ㄇ字型環繞成一體的白色走廊與轉經廊道，被轉經的人群簇擁著、包圍著、膜拜著，像在守護著什麼重要的物品，原來，裡面正供奉著八歲的釋迦牟尼佛像，又稱「不動金剛像」。

陣陣的誦經聲傳了出來，從出口處出來的藏民都散發著滿足、得道的表情，不斷的感染周遭要進去的人們，我的內心隨著這股波動慢慢被感化，進入了主殿，莊嚴的四大天王守護著小小的黑色入口，跟隨著藏民的腳步，我的內心也開始激動、鼓動，洞穴裡黑色壁畫，多用金粉畫著許多佛像，面目猙獰，一旁掛著唐卡，都看著前方巨大的強巴佛，但兩側似乎是可以進入後方，我趕緊排隊上前，對於後方神祕的強烈好奇感，與藏民一同排隊朝拜釋迦牟尼佛像的感覺既是緊張又無限期

楚布寺聖殿外高懸犛牛頭作為祭品。

在西藏的寺廟外，隨處可見五彩炫爛的壁雕。

待，鼓譟著心臟咚咚響的感覺是一般遊客無法體會的，慢慢往前，穿過門口的圓圈鐵鍊後，踏上台階，灰暗的空間變了色調，散發出神聖的光澤，金碧輝煌的金身，巨大的八歲釋迦牟尼聳立在我眼前，當下，伴隨著僧侶的誦經聲，那股慈祥、那股莊嚴、那股神聖、那股令人謙卑的力量從眼神中散發出來，看穿了你的一生，無限心裡的悸動與感動，帶你進入無極的世界，把額頭碰觸在釋迦牟尼佛像上膜拜，有股無形力量直接注入到你體內，帶你進入歷史、帶你俯瞰未來。

一旁長及到腰的柱子，可別以為是洗手台，從前傳說拉薩是羅剎女的形體，而小昭寺正是羅剎女的心臟，這根柱子有個小洞，深不見底，如果耳朵貼上去聽到「咚、咚」就是羅剎女的心跳聲，表示你內心是罪惡之人，如果是聽到「嘩啦啦」的流水聲，表示你內心是極善之人。在這裡，歷史可深入、可觸摸，在這裡，有著世界文化遺產，有流傳著神秘的藏傳佛教，到處充滿著傳奇神話故事。我深信，也開始相信，這裡正是宇宙的中心，如果西藏被喻為地球北極與南極之外的第三極，我想，也不為過，講到這裡，大家一定很想來了吧。

1 強巴佛就是台灣所稱的彌勒佛。

2 小昭寺內殿。

3 圍繞在寺廟外的轉經筒，藏民入寺前將它轉一圈。

活佛的祝福

永世的輪迴會帶給我好運。到現在，其實我還不了解，或許哪天，再度回到西藏後，我會明白吧。

在國立體育大學就學時期的暑假，我都會前往中國雲南高地訓練，日本、越南、中國的長跑選手也都會在此一同集訓，那裡的高度為一千八百八十八公尺，適應良好。大學四年在張永政教練專業的魔鬼訓練之下，雕塑我抵死不從的驚人耐力，成為我在喜馬拉雅山比賽的最後祕密武器。西藏之行出發前，張永正教練安排我的訓練課表，並建議一些飲食上的挑選，等待身體適應兩週後，血液載氧量升高，再慢慢的開始做有氧訓練。

但因經費與時間有限，才第三天，我已經開始在拉薩河旁慢跑，三十分鐘後，低氧環境

讓血液中丙酮酸含量增加，乳酸快速爆出來，喘到有點難過，我撐著樹木在路邊休息，夭壽，如果這樣去比賽，一樣的高度，我跑得完嗎？接下來幾天，都是一樣情況，不過我盡力讓自己可以跑上一個小時，強迫身體可以快速的適應，但通常回到旅館後都是動也不動，因為缺氧讓我頭快痛死了。

我改變訓練策略，用負載的方式，安排往更高的地方邁進，但不做任何訓練，前往西藏的三大聖湖——四千四百四十一公尺的羊卓雍錯及四千七百一十八公尺的納木錯，車子從谷底向高山盤旋，翻越五千一百多公尺的高山，數不清連續的髮夾彎，慢慢的把我帶上天際，因為空氣含氧量越來越少，燃料也越來越難燃燒，司機師傅即使奮力打檔，卯足全力油門踩到底，沒有絲毫動力的汽車只有噗噗慢慢往前行，實在令人捏把冷汗。

面臨緊張的事情，我們多能預先準備在心裡演練一次，但是在這，對我們而言，所有的一切都是未知，無從想像，無從做準備。翻越山口後迎接聖湖的美，穿透陽光，湖水如平滑的鏡子，倒映天上的藍天白雲，不同的水深透過光線折射，出現在我面前，這種視覺的震撼，不！應該稱之為視覺的

羊卓雍錯位於四千公尺的高原，空氣稀薄，跑步不是鬧著玩的，稍一不慎就可能罹患高山症。

髮夾彎

為自行車與賽車常用的術語，又稱U型彎，彎道角度足足達到一百八十度讓車子迴轉，或是小於九十度的銳角彎道，如果駕駛技術不好，轉彎時操作不當錯過煞車點或減速不及，常常都會發生翻車或是墜落懸崖與峽谷。

訓練時我幾乎吸不到氧氣，所以訓練甫結束我趕緊從氧氣瓶吸純氧。

饗宴，用瞳孔已無法容納得下眼前壯麗美景，只能用心去接收。清澈的湖水、壯麗的雪山與藍天融為一體，湖天一色，聖潔無比，這裡藏人都相信聖湖是天女下凡變成的，也是天宮神女的寶鏡，站在湖邊看著自己，洗滌著每個人的心靈，淨化所有的靈魂，還沒到湖邊，在心中已經濺起了漣漪。在這裡因為海拔過高，走幾步下來就會累了，也會影響我的情緒，因為疲憊，所以也容易動怒，邊喘邊寫到這，喔買尬，我頭又開始痛了。

回到拉薩後，高度下降，氧氣終於又稍微充足了，一個禮拜適應後，慢慢的回到像平地一樣感覺。因為在市區無法訓練，我請導遊包車，打算用慢跑加走路的方式到比較偏遠的寺廟，讓自己比較有動力可以去鍛鍊自己，也算犒賞自己啦。導遊老兄突然張開嘴，眼睛瞪大用看到鬼似的表情看著我說：「這兒的人都是騎腳踏車，從來沒有看過有人跑步。可別開這玩笑了！如果高山病發可一定會出事！」

一旁的司機師傅挑眉和我說：「小夥子，這樣的話一公里可要算四塊人民幣！」

瞧，怎麼著，幾趟下來，要價三萬六台幣，哇靠，你奶奶的，我感覺被坑了，但如果和其他散客一同包車，或是搭大巴，根本不會停下來等我，一個人訓練，沒有人陪伴，只好硬著頭皮付錢，我把補給的物品與氧氣瓶全丟在車上，每天開始往郊區跑。最後一次到距離拉薩市區外一百公里偏遠的郊區——楚布寺，往返需兩百公里，後段路況極差，都是碎石頭與上坡路段，往返需要耗上一整天時間。

八月的拉薩七點才慢慢看到日出，我選在六點半出發，因為拉薩地大車少又沒有路燈，每台車速幾乎都破百，相當危險，到了郊區剩下三十公里的路程，我才下車開始跑，沿路幾乎一休息就拿氧氣瓶猛吸、猛吃巧克力，導遊與司機師傅怕我無聊，想找點樂子做，於是邊開車邊用方言手舞足蹈唱歌給我聽，「眷戀著山河水秀，我的故鄉在遙遠的一邊，提起腳步，小夥子，衝啊！衝啊！叭！叭！叭！」奇怪，後面那幾句從哪編的，喘到頭很昏，加上魔音傳腦還有喇叭聲，我差點衝上車扁他們，不過還挺有趣的，花了五個多小時近中午，我們終於抵達楚布寺。

藏麵風味獨特，麵條灑上腥味濃重的犛牛碎肉。

在三千六百公尺的拉薩，要如平地般運動幾乎是不可能的，沒想到竟設有專門體育學校。

因為距離拉薩市區較偏遠，幾乎沒有任何遊客來這，全部都是藏民，看到我用跑的上來，全部的人用好奇的眼神看著我，此時我早已餓昏，此地荒涼，沒有可以吃飯的地方，於是就到寺廟的廚房與藏民們一同吃道地的藏麵、酥油茶，此時殿內不時傳出聲聲法號與琅琅佛音，藏民們全都聚集在門口，手裡握著哈達排隊，我趕緊緊接在後，一點鐘時通往二樓的門打開了，洪亮的誦經聲傳了出來，在山谷產生了回音。隨著藏民緩步上樓，穿著黃色袈裟的活佛正盤坐著，兩旁還有兩位護法，每一位藏民經過時都會把手上的哈達掛在活佛身上，並面向活佛坐的寶塔磕頭，在一旁的護法會點壓一下你的頭後就離開。輪到我時，只見活佛手上拿著一張用紅線綁著的白紙，在我身上做比劃，點了幾下後，從後方拿出黃線纏繞在剛剛那張白紙上，再交給我，我沒有哈達趕緊布施，一樣低頭磕向寶塔，可能是位置不對，「碰！」一聲，唉呦！直接壓我的頭撞上去，痛死我。但只有我拿到紅黃線纏繞的白紙，可能因為我是漢人的關係吧。在一旁的僧人解釋，加持過的紅線與黃線不可拆開，更不可以看裡面的東西，永世的輪迴會帶給我好運。到現在，其實我還不了解，或許哪天，再度回到西藏後，我會明白吧。

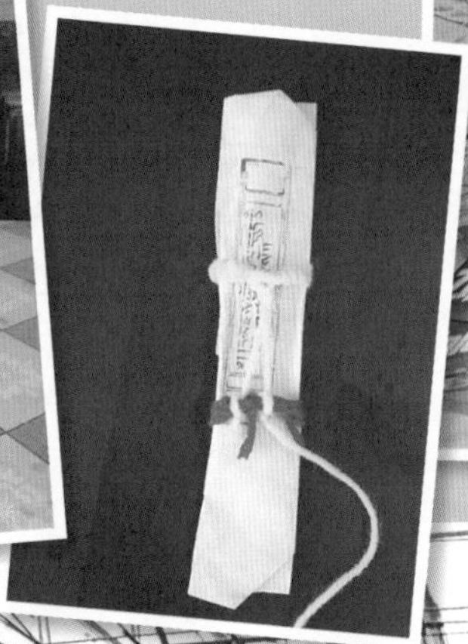

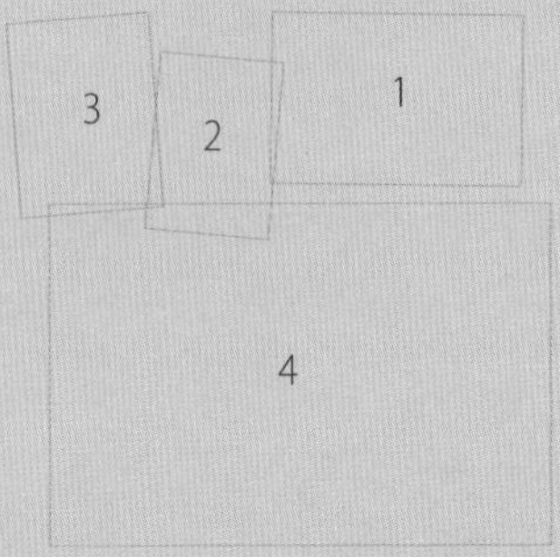

1為西藏之行準備的食物。

2活佛贈予的禮物。

3道地的酥油茶。

4巷弄間的甜茶館，是藏民喜愛的聚集之處。

糊裡糊塗，跑到天葬山

在登頂前的山頭，好像有人坐著看著我，我向他大叫幾聲，可是都沒有回應，我越往前，感覺越不對。

山與海，「高山症」（Acute Mountain Sickness，簡稱AMS）與「潛水夫病」，是最令冒險家害怕的無形殺手，嚴重時會使人在短時間內致命，高山症，一般常出現在海拔兩千五百公尺以上，但有些人在一千五公尺即有此症狀，因人體質而異，海拔越高、空氣中分子越少，人體內的壓力大於外界氣壓，在低氧環境下血液中含氧量便開始降低，使身體產生缺氧反應，隨著海拔的高度增加，症狀就會越來越明顯，可由神經系統、呼吸系統、血液系統、心血管系統來觀察，最常發生的症狀有：頭痛、頭暈、疲勞、虛弱無力、食慾不佳、腸胃不適、微發燒、失眠、睡不好……等，此時千萬不要以為是感冒，為了生命安全，在高山只要有一點點類似感冒的症狀，都要視為高山症來治療，或是要上高山前，一定也要把感冒治療好再上山，否則很容易引發高山症，最嚴重會轉變成肺水腫和腦水腫，可用類固醇治療來暫時緩解而爭取送醫時間，如果沒有馬上急救，在短時間內都可能會急速惡化使人

海拔五千多公尺的高山，即易頭暈目眩，此為聖湖納木錯。

致命。建議剛到高原地區前，可做一些慢跑與游泳的鍛鍊，都會對心肺功能上有所幫助，尤其第一天抵達時，切記把動作都放慢，避免有任何勞動，更不可暴飲暴食，以免加重消化器官負擔，盡量不要吸菸與飲酒，多補充水分，少洗澡避免受涼感冒，並且多食蔬菜水果等含有鐵及維他命的食物，如此謹慎，為的就是要能夠平安的在高山上享受俯瞰美景，如果有任何意外，不就太遺憾了。

與玉山高度差不多的拉薩，為什麼感覺更令人不舒服，更容易缺氧，是因為這裡幾乎沒有樹木，空氣分子更少所致。要返台前我決定來一個兩天遠征，翻越布達拉宮的後山借住在藏人家的帳篷裡。

一大早陽光相當刺眼，在這裡紫外線相當強，曬到皮膚都會痛，我整理好輕裝備後從八廓街對面的老字號亞賓館出發，兩個小時後跑到布達拉宮的後山口，從貢巴薩村進入，裡頭只住著九戶人家，門口都放著犛牛的頭骨，頓時感到背後有一股濃厚

下、藏獒是高原「守護神」，白色雪獒更是少見。

左、跑著跑著，我頭也不回，竟然誤闖天葬山。

的殺氣，直逼我而來，雙眼一直注視著我。在一旁坐著的，正是高原的守護神——「藏獒」，書上記載著藏獒為菩薩的坐騎，這裡的藏人有一句話叫「九犬成一獒，一獒抵三狼」的美譽，藏獒能闢邪，也會保護在外的游牧民族，因此非常受到藏人家庭的重視，只要你做了牠一天的主人，牠就會牢記你一輩子，一輩子對你忠誠。從第一眼與藏獒四目交會時，眼神中與生俱來的警惕性帶著勇猛無畏，加上所表現出內在的氣質與性格，而且威武不凡的姿態與震耳的叫聲，就如同獅子般，我不覺得牠是犬，而是感受到具有高度靈性的動物，牠是具有意識、具有體態的守護神。青藏高原是藏獒的原產地，有著純正的血統證明書，牠們野性十足，一天可要吃上二十公斤的生肉，一個月的飼養費高達一兩萬元，許多人不堪負荷常常養到破產，血統純正的藏獒一隻可賣上一百五十萬到兩百萬元的價格；白色的雪獒屬於珍貴品種，要價三百萬以上，據說來買的主人都會鋪上紅地毯、開名車來慎重迎接，也難怪，因為一隻藏獒的身價可是一台保時捷呢。

上山前遇到了一位婦人，「你要上山啊！那可要注意安全，那裡沒人走的，因為那……」滿腔熱血的我只想趕快到山頂俯瞰整個拉薩市區，還沒聽完就向她致謝冒然上山。輕盈的腳步，愉快的心情，隨著山腰間色彩繽紛、隨風飄揚的經幡，我嘴裡邊哼著歌邊起步，一開始往上看感覺很好爬，結果評估錯誤，三個小時過去，我才到山腰而已，越往上越容易打滑，是土也是細沙，植被非常淺，一個不小心腳底抓不住力，我從石頭上摔了下來，連滾了三圈，撞上大石頭，還好有背包擋著，沒有撞到頭，不過左手掌心磨掉了一小塊皮。我不甘心，繼續往上，走著走著到了兩座山的山谷間，佈滿著許多有刺的植物，腳下踩著溪水，前方傳來流水聲，該不會是瀑布吧！我好奇的慢慢往前走，「嗒、嗒！」突然好像有什麼東西也踩著水聲，心跳加劇，我以為是人，但前方的樹枝突然左搖右晃，縫隙間我看到龐然巨大的黑色物體正慢步的往我這走來，距離我大概五公尺，我嚇得屁滾尿流，趕緊爬進右邊樹叢間躲起來，腳步聲越來越大，走出來的，是野生黑色巨大無比的犛牛，我從沒看過如此大隻的，光是身長至少有兩公尺，頭上尖銳的牛角更令人發寒，此時犛牛走到我面前停了下來，看著我，我們四目交接大約二十秒，我害怕犛牛老兄只要往上爬撞我一下或是壓我一下，我就一命嗚呼，不過還好牠可能覺得我無趣就慢慢走掉了，我嚇到腿都發軟。

繼續往上爬，但四處岩壁沒有路可走，我看到有垂掛的經幡，約有兩

上、樹叢間忽然鑽出巨大的氂牛，嚇得我汗毛直豎。
左、山頂高懸的經幡，寄託藏民與旅人的祝福。

三層樓高，我便不要命硬拉著爬上去，在登頂前的山頭，好像有人坐著看著我，我向他大叫幾聲，可是都沒有回應，我越往前，感覺越不對，腐爛的臭味撲鼻而來，到達上方時，是死掉的犛牛，可能是牛角與頸部被經幡纏住窒息而死吧，土上還有腳印掙扎的痕跡，看了令人難過，也令人發毛。

六小時過去，精疲力盡終於登頂，頭卻開始痛了，身體也有點發冷，有時咳嗽，我翻越山頭向藏人家借住帳篷後身體越來越不舒服，呼吸時心臟有一點點痛，無疑是高山症中獎了。隔日一大早便趕緊到山下攔車回拉薩市醫院。「小夥子，你跑到那兒去做什麼，那兒是供奉山神的地方呢。」當下我起雞皮疙瘩，還好平安回來，醫師用著神奇的藏藥給我喝後，回到旅館等待兩天後返台期間，幾乎都難過得不能動，不過有達到高地訓練的效果。這裡是青藏高原，神祕的西藏，住著荒野裡的苦行者，他們虔誠的一生膜拜，每日每夜傳頌著精美壁畫的歷史之聲，繁榮的古城，林間不老的神話，寧靜安詳的山水，那一山一草一木都具有靈性，體會感受西藏的每一個環節，絕對能夠豐富我們的視野、洗滌我們的心靈。

藏獒的前隻竟然比我的雙腿還粗，可見力大無比。

5

世界最高，喜馬拉雅山160公里五天極限馬拉松賽

夢想，啟航

此刻我的心情也隨著飛機漸漸加速，心臟碰咚碰咚聲，撞擊著我的思緒，引擎的轟隆轟隆聲，隨時蓄勢待發，在機輪離開地面的那一剎那，我閉上眼，開始享受著接下來每分每秒，夢想，起飛了……

出發到喜馬拉雅山之前，透過媒體工作者海倫姐與世宣哥認識了榮總醫院的高偉峰醫師，他教導我許多高山症的須知，給予醫藥上許多的協助。

二〇〇九年十月十九日，爸媽載著我前往桃園國際機場，一路上，沒有多聊什麼，雖然他們知道我做了很多準備，但從後照鏡中看見爸媽的眼睛裡，還帶著擔憂與不捨，畢竟，要一個人去到那麼遙遠的高山上，只要是父母都會掛心吧。這我想起二〇〇八年與林義傑前輩及遊戲橘子執行長劉柏園大哥參加磁北極大挑戰時，也是爸媽送我到機場，但那時因為父母的極力反對搞得氣氛非常僵，甚至一度關係決裂，冷戰數個星期，相較現在在車裡，融洽許多，一路上的叮嚀，一路上的提醒，有時覺得嘮叨，講了好多媽媽經，但也感受到爸媽的關愛。感謝海倫姐偷偷翹班一同來送行，午餐在咖啡廳裡進食後準備出發了，沒想到還外帶一個排骨便當給我，說在飛往印度的機上可以吃一下家鄉味，我一直抱怨著東西太多，要拿大包小包的很麻煩，沒想到後來這排骨便當簡直是我的精神糧食啊！

與親愛的爸媽道別後，進到機艙裡找到靠窗的位子坐下，此時不斷的收到朋友們祝福與加油的簡訊，對於第一次自己獨自一人出國比賽的我，這些短短幾句溫馨的簡訊，給了我很大的力量，謝謝你們！看著窗外，沒想到真的要出發了，想起一整年，一切辛苦煎熬的努力，到今天終於實現了，我握緊拳頭，告訴自己，不要讓大家失望，全心全意的在大自然中，好好的去挑戰這場比賽，此刻我的心情也隨著飛機漸漸加速，心臟碰咚碰咚聲，撞擊

前往巴格杜拉的班機上，我是唯一黃種人；機上餐食奇辣無比。

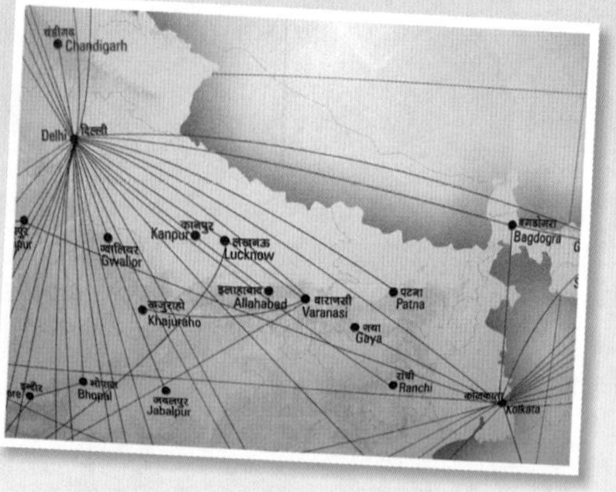

飛往印度最東邊，再搭車前往喜馬拉雅山。

著我的思緒，引擎的轟隆轟隆聲，隨時蓄勢待發，在機輪離開地面的那一剎那，我閉上眼，開始享受著接下來每分每秒，夢想，起飛了……

抵達香港後再轉機飛往印度首都——新德里（New Delhi），出發前旅行社的蘇建榮大哥，為了幫我省錢找了最便宜的機票，飛機算是相當老舊的機款，還用超大台紅、黃、藍三色投影機來播放飛航須知，非常有趣的是，播放時他們才在倒帶，播放時卻沒有聲音，而且還會卡帶，一直到飛機都已經起飛了，還邊飛邊播放飛航須知。每一個座位旁的扶手都有菸蒂蓋，再看著頭上有禁止吸菸的警示燈，當下真的會令人笑出來，這是印度幽默嗎？在機上發的餐點，就是羊肉咖哩餐，看著上面放著一些紅色的香料，我的天，我是個極度不能吃辣的人，第一口下肚，簡直辣到噴火，味道相當的不入口，看著印度人吃得津津有味，我卻沒有胃口了。正當想說怎麼辦時，還好有媽媽準備的美味排骨便當，果然派上用場，低頭一看，他正閃閃發亮的招喚著我，頭一次感到排骨便當是如此美味，即使是冷的，也大口大口吃下肚。

Oh！「金價呼呷！」飛行時間為六個小時半，晚上十二點半抵達德里機場。通常抵達德里機場的時間都是凌晨，我以為已經沒什麼人了，沒想到是越夜越熱鬧，在機場換好盧比，購票後到外頭搭排班的計程車，六百盧比，約台幣四百一十四元，看起來是一台年代久遠的黑色小車，一位司機老爹熱情的向我招手，他穿著舊舊的深灰色襯衫，留著捲捲的鬍子，看起

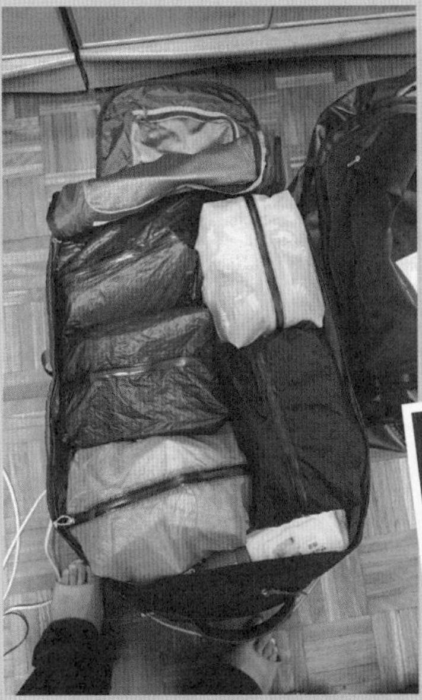

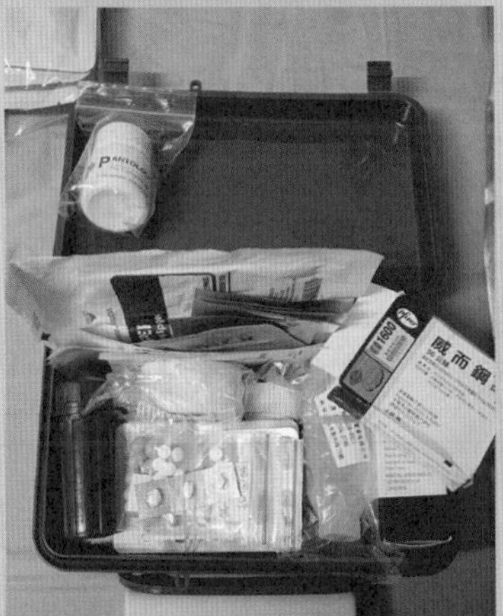

1 為此行準備的食糧重達十五公斤。

2 臨行前終於化解冷戰，父母同意讓我出國比賽。

3 自備營養補給品。

4 凡出國比賽皆超重的行李，這袋有三十五公斤。

5 因應特殊狀況時的急救藥品。

首次來到印度，在機場目睹清一色的白袍黑臉，不禁心生緊張。

來年約五十歲，讓我想起電影《天堂的孩子》裡面的爸爸。和他說我要去RAMADA旅館，把旅館的預訂單據拿給他看，他臉上馬上露出自信，還拍拍胸口說沒問題，結果出了機場在高速公路上，司機老爹突然問我：「你說哪一家？」「RAMADA。」「好好，沒問題！」開了約十分鐘突然又問我：「你說哪一家？」「RAMADA。」我一再回答，心想，麥啊（台語）！完蛋了，司機一定不知道在哪裡，我突然有想下車的衝動，他還問我在哪條路上，突然開向左邊的計程車把車窗搖下來問那台車的司機，叫我把單子給他看，結果他竟然把手伸出車外，要拿給左邊那台司機看，在高速公路上喔，沒錯，真的在高速公路上，而且時速大約七十公里，我簡直嚇傻了，如果單據飛了怎麼辦，連那台計程車後座的外國乘客都抓緊上方的扶把，臉上也露出緊張的表情，「NO!」我趕緊大喊，想從他手上把單據搶回來，這樣開車真的太危險了！他急忙和我說：「不要緊的，交給我，我會找到啦。」然後又開向右邊的計程車問，停紅綠燈也問其他三輪車的司機。到了市區，每當停紅綠燈就問其他人，「你說哪一家？」他又再問一次，「RAMADA！R-A-M-A-D-A！」我大聲的回答他，這一路上大概重複問了快二十次，我簡直快氣炸了，只想趕快到飯店休息。最後再問警察終於找到了，從機場開到旅館竟然快一個半小時，到達飯店門口前，他還很得意的說：「你看，這裡就是RAMADA啦，我知道在這裡，載你到這了吧。」此時我完全愣住沒有說話，只想趕快下車，沒想到剛出發就來個計程車驚魂記。

一進去大廳裝潢得很有風味，終於可以好好休息了，此刻已是凌晨兩點，沒想到進了房間才是恐怖的開始，棉被上還有一層灰塵，浴室的水一打開還有點黃黃的，但管不了那麼多，因為明天一大早五點還要起床轉機，剩不到三個小時可以休息，又怕自己睡過頭，一個人出國這種時間壓力還真大。

抵達雲之城——Mirik

早晨在鳥鳴聲中醒來，漫步在森林裡，羊兒悠閒的吃草，馬兒與小雞在湖邊休息，孩童快樂的嬉戲，湖泊倒映著風景，隨著水的漣漪波動，美得像一幅畫一樣。

「這位旅客不好意思，您的飛機剛剛已經飛走了……」嗚啊啊！睜開眼，原來是噩夢，嚇得都冒汗了，翻身趕快看一下手機鬧鐘，原來在響前一分鐘驚醒。簡單用完早餐後趕緊前往機場轉機，結果旅館到機場車程只有三十五分鐘，那昨晚到底怎麼回事，被司機大繞路還跟我收小費。在機場入口處都有軍人帶槍在入境處檢查，因為去年印度航空才收到「恐怖分子謀畫劫持印度客機」的警報後，印度全國機場的安全檢查全面升級，甚至攜帶武器的空警都已被部署到航班上，而目前印度武警已進駐機場，機場附近的軍隊也已處於待命狀態，所以印度機場檢查非常嚴格：第一關先檢查機票、護照及行李才可以進入，第二關到櫃台掛行李牌，每一個行李都要掛上，換好登機證後再排隊驗身，我以為只會檢查口袋，沒想到連私處旁邊（就是台語的該邊啦）也會摸，因為真的太癢，我憋不住不小心「噗滋！」的笑了一聲，沒想到那位安檢人員檢查更久，害我大笑好久他才願意放過我，還好他沒叫我脫褲子。

上了飛機再往東邊飛四個小時半，中途降落加油一次，看著窗外兩台警備車和一台消防車早已待命，此時安檢人員全部上機，檢查所有的行李，如果行李沒有蓋章的吊牌，他們會請你下機把東西打開給他們看，並詢問一堆問題，通過才會讓你再上機，為了飛行安全，檢查得滴水不漏。在一陣飛行後終於抵達巴格杜拉(Bagdogra)，下機後看見十幾位軍人都拿著步槍巡邏，感覺這裡氣氛還滿緊張的，隨時都在戒備，記得先前印度與巴基斯坦才衝突不斷，而克什米爾地區向來為恐怖分子活動頻繁之地，還曾發生針對觀光客攻擊事件，令我常常戒備好個人安全。

機場裡唯一有冷氣的地方在餐廳，其他都只有風扇，相當老舊。領行李時，有兩位軍人走向我，用我聽不懂的印度話叫我進去一個房間內，裡頭坐著肩上滿是徽章的將軍，臉上滿是殺氣，讓我覺得不懷好意。他先檢查我的簽證，一位軍人檢查我的行李，而另一位軍人，再搜身一次，並問我一堆問題，「你從哪裡來？你為什麼來這裡？行李有哪些東西？」我表明我是參賽選手後，他們再檢查一番確認我沒問題後才放我走。可能是因為這麼偏遠的地方只有我獨自一位亞洲人前往吧，讓他們特別好奇。門口處看見比賽單位派人來接我，搭車慢慢的從山腳下開到山上，沿路上，陽光灑落在樹上照射下來，柔和的

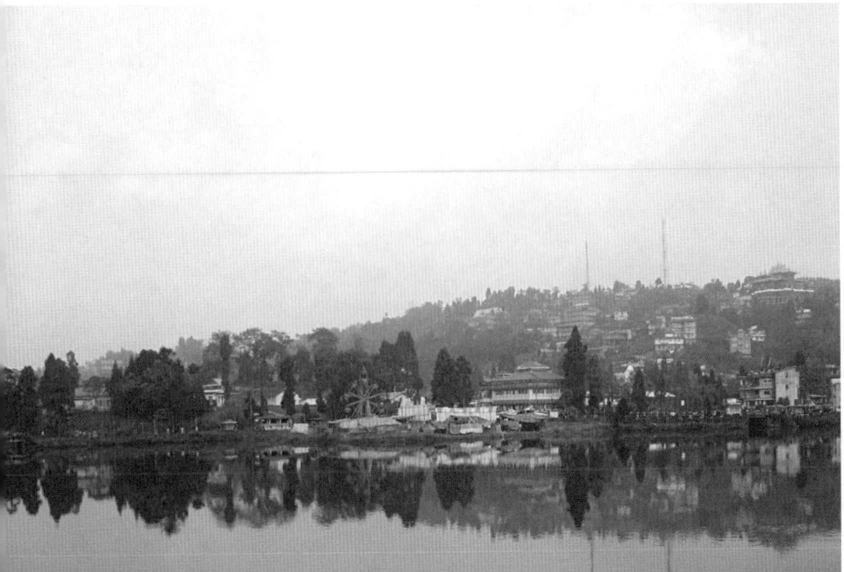

清幽的湖景，水天一色，令我心曠神怡。

風輕輕吹著臉頰，卸下所有壓力，有著莫名的輕鬆感，三個小時後，抵達山中小鎮 Mirik，標高一千七百九十公尺，怕有高山症，所以提前四天先來適應高地，明顯的感到空氣稀薄，有時還需要緩慢的呼吸來調適。第一天早早就入睡了，可能是因為在高地的關係，睡覺時頭還有一點痛。

隔天設定五點起床訓練，開始調整生理時鐘去習慣比賽的時間，為何我將這裡取名為——雲之城，是因為 Mirik 小鎮就在雲霧之間，時常瀰漫著濛濛大霧或說是雲舞飛揚，有時能見度大約只有一百公尺，當地人都說要靠運氣才能看到遠方美麗的風景，通常比較好的觀看時間是早上五點日出前或是日落時，水氣會蒸發，瀰漫的大霧會慢慢退去，就可以看見遠方壯麗的風景了。

每天五點我起床慢跑去看日出，可真是一種享受，吃完早餐後，決定去探訪這裡的小鎮，人數為五千兩百人，語言主要用英文、印度文與孟加拉語(Bengali)，看地圖上指示有個寺廟 Bukan Monastery，從遠處可以看見山上寺廟的金頂，和西藏拉薩相似，好奇寶寶的我決定要去瞧瞧。前往寺廟的路上，經過一個小橋，旁邊立著一個告示牌，圖案是一支叉子和湯匙交叉，是吃飯的地方，但旁邊只有六台小吃的推車，其他什麼都沒有，就像是士林夜市賣蚵仔麵線那種，上面加上一些鐵皮及帆布就可以做生意了。道地的咖哩飯上面還插上幾根辣椒或番茄，灑上很多顏色的香料，味道撲鼻而來，讓愛吃的我簡直食指大動，但基於怕有拉肚子的危險，決定先不要冒然嘗試，繼續往前進。

我在小巷子裡找到郵局，太好了，可以寄明信片回去給大家報平安，但一踏進去感覺有點失望，非常非常的陽春，就像是看六〇年代電影裡那般的老舊，結果什麼都沒有賣。而這裡只有兩所學校，學生年紀從六歲到十二歲，禮拜一上課到禮拜六，上課時間為早上八點到十二點。這裡的小鎮原本只有一些村民，但在一九九一年開始，喜馬拉雅山越野馬拉松賽開始在這舉辦後，慢慢的開發了起來，至今十八年，擁有了現在的風貌。

再往上走看到另一個旅館，是給另一批選手住的。在這裡只有三家旅館，因為相當偏遠，幾乎很少有遊客前往。旁邊再往上走的圓圈空地就是直升機的停機坪，也就是我每天早晨所跑的山頂，他們說ＶＩＰ將在二十四日搭直升機前往，Ｖ

每日清晨即起，在高大的森林中跑步，恍若由山神環伺守護著。

流動雜貨攤供應居民日常所需，顯得格外親切，令我聯想起家鄉的柑仔店。

IP大家都知道，就是指大戶人家啦，眼看慢慢日落，只好折返明天再前往寺廟。

Mirik是個相當可愛又溫馨的小鎮，在這不會感到有絲毫的壓力，居民都相當友善，非常的熱情，雖然皮膚很黑，但是他們的心是最純淨的，即使生活困苦，但他們懂得知足知福。小學生去上學，有些每天還要走上兩小時的山路，比起我們都市小孩，他們從小獨立許多。

早晨在鳥鳴聲中醒來，漫步在森林裡，羊兒悠閒的吃草，馬兒與小雞在湖邊休息，孩童快樂的嬉戲，湖泊倒映著風景，隨著水的漣漪波動，美得像一幅畫，躺在山坡裡俯瞰整個風景，微風吹著樹梢晃呀晃，在大自然裡，感到前所未有的輕鬆與喜悅。中間湖泊的空地是大家的休閒之處，設有小小遊樂場，居民都會在此聚集，算是唯一熱鬧的地方。而晚上的氣溫非常低，大約二至五度，洗澡只有一個水桶的熱水，他們給我兩個量杯用來裝水沖洗，量杯是一千C.C.，幾乎天天都是洗戰鬥澡，三分鐘瞬間完畢。沖馬桶的水非常的髒，一問之下才知這裡因用水有限，所以沖馬桶的水都是用洗碗水與廢水。想想也不錯，挺節省的，在物資極度缺乏之下，讓我更懂得珍惜與小心所擁有的一切。

木造選手村。

夾道的布條歡迎選手到來。

印度小吃攤的炸食。

連印度蘿蔔也是「辣到不行」。

善良的老爹——喬巴

喬巴叔叔非常好客，拉著我看樓下還在建造的房間，和我說如果喜歡這裡的話，下次可以帶家人一起來這裡玩。

隔天早上訓練完後，繼續前往寺廟，首先走上一段很長的階梯，左右兩邊都是住家。

沿路看見設備簡陋的X光檢驗所，驗血、驗尿機構，車頂坐滿人的卡車，形形色色的畫面盡入眼簾，相當新鮮。

突然在路上遇到一位友善的大叔，他叫喬巴，知道我一個人從台灣來，他瞪大眼睛，非常的高興，熱情的一手就把我拉到他家裡去參觀，我都來不及反應。喬巴叔叔介紹室內後，他搬張椅子請我到陽台坐，並請他姐姐泡上一杯道地的大吉嶺茶 (Darjeeling Tea)。我的天，大吉嶺茶！對茶有特別研究的人都知道，大吉嶺茶是屬於世界級的極品，生產在海拔三千公尺以上的喜瑪拉雅山麓，價格相當高也非常珍貴。

接著喬巴叔叔再帶我到旁邊一間房間，木製的門還上著鎖，打開後，裡面供奉的是吉祥天女和象頭神——格涅沙。象頭人身大家最有印象，也可稱為象鼻財神，在印度與西藏等地常常都看得到。詢問喬巴叔叔供奉的神明之後，終於解開我長期對印度神明的不解，象頭神的由來有許多流傳的故事：話說是濕婆神離家修行後，濕婆神的妻子即生下兒子格涅沙，過了好幾年之後，濕婆神才返家，正巧那時濕婆神的妻子正在沐浴，就叫兒子看守家門，不要讓外人進入，不久返家的濕婆神見到一個高大英俊的小夥子站在門口，誤以為老婆偷漢子，在表明身分後格涅沙依然堅守母親的命令不肯放行，此時濕婆神怒氣加醋意怒火中燒，哇！這下不得了！風雲變色，雷雨交加，父子二人開始發生激烈的打鬥，沒想到這小夥子力大無窮，心中十分生氣的濕婆神就用手上威力強大的三叉戟，猛力一刀砍下自己兒子的頭顱，此時濕婆神的妻子聽見轟隆巨響，破門而出，見到丈夫砍下自己親生兒子的頭，頓時痛哭失聲，濕婆神後悔莫及，趕緊去向大梵天請求協助。大梵天又稱四面佛，是印度教的創造之神，與毗濕奴、濕婆是印度的三大神明。大梵天告訴濕婆神，只要明天往北方陽光的方向走去，看見的第一個生物並將其頭取下，裝在兒子的脖子上就可以獲得重生。心急如焚的濕婆神趕緊四處尋找，後來碰上的第一個生物就

我很幸運遇見友善的喬巴叔叔，帶我快速適應環境。

是大象，取得象頭後，替代在兒子的頭上，格涅沙因此復活，也就是象頭人身故事的由來。印度在許多活動開始前都會膜拜象頭神，保佑排除一切困難障礙，近看的話會發現，象頭神右邊的一根象牙斷掉了，那根斷掉的象牙則代表著智慧。

喬巴叔叔從陰暗角落的麻布袋裡拿出兩個像烤焦般細細的甜甜圈給我吃，我趕緊的一再道謝。其實我不敢嘗試，因為那角落的袋子不知放多久了，他請我趕快試試看，好

飲用最道地的大吉嶺茶佐甜餅，是無上的享受。

意當前，再加上熱情到滿表的眼睛一直看著我，我怎麼敢拒絕呢！只好勇敢的放進嘴巴，用力的「喀嚓」咬一口，味道像是烤焦沒有味道的麵包，而且帶點酸味，並不是那麼的順口讓我可以再咬一口。喬巴叔叔非常好客，拉著我看樓下還在建造的房間，和我說如果喜歡這裡的話，下次可以帶家人一起來這裡玩。此時喬巴叔叔從桌下拿出三本相簿，告訴我他從小到大的故事，還有小鎮這裡的一切：喬巴叔叔有一個女兒和兒子，女兒在德里渣打銀行上班，兒子還是學生，喬巴叔叔很用心的告訴我他的生活，完全沒有任何的防備，就像

簡陋的X光檢驗所。

家人一樣。說著說著他問我熟不熟這裡，我和他說我昨天才剛到，他馬上換好衣服，迫不及待的想趕快向我介紹這裡。我們沿階梯往下走，過了馬路進到森林裡，石頭步道旁種了一些藍色與紅色的花，還有一些人在屋頂上蓋房子，大家看到喬巴叔叔，都雙手合掌熱情的打招呼：Namaste（納瑪斯特），意思是你好、早安、歡迎……等一切問候語，印度文還會帶點花舌，相當有趣。

我跟著喬巴叔叔走到一座山頂休息，他從口袋中拿出一些菸草，並隨手摘一些乾草包在一起變成捲菸，悠閒的躺在草皮上小歇片刻，唱著我聽不懂的印度歌，果真是酷酷的老爹。之後他有要緊的事情要處理，請他兒子帶我去寺廟看看，喬巴叔叔的兒子叫桑搭，個性相當活潑，知道我從台灣來，馬

車頂擠滿乘客，一坐就是三小時。

琳瑯滿目的香料。

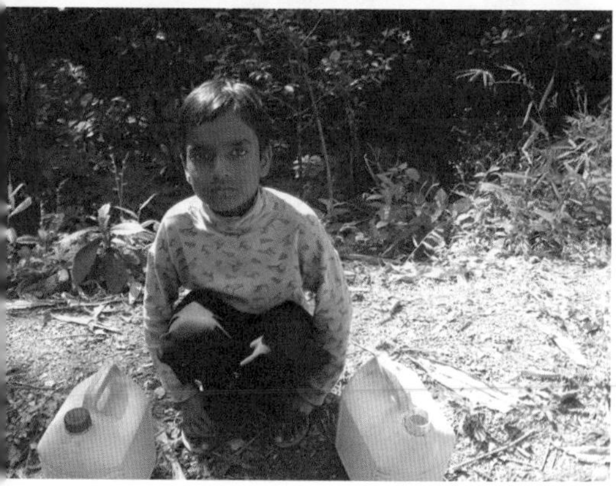

為了提水，小朋友要走二至三小時。

上邀約一群朋友一同前往，一路上一直問我一堆問題，「臺灣在哪裡？那裡有什麼特別的？」經過我一番介紹後，他們相當感興趣的想來台灣看看，往山上大約走了二十分鐘後到了寺廟，和西藏看到的一樣。裡面有許多僧人，我用簡單藏語和他們打招呼，他們非常驚訝的看著我，嘿嘿，之前去西藏拉薩訓練時學了幾句。旁邊台階旁正在製作面具，頭上還有六個小骷髏頭，指的是人類的六大慾望：色、聲、衣、香、味、室，也稱六穢，面像凶惡，還有些面具嘴巴裡咬著人，令人不寒而慄。

隨著夕陽西下，溫度慢慢下降，與桑搭的朋友道別後回到喬巴叔叔家，濃濃的香味從屋裡飄出，是咖哩的味道，此時他們正在準備晚餐，喬巴叔叔一直想把我留下來住一晚，但我和他說後天就要開始比賽了，必須要回去好好準備。可以感覺到他有點不捨的心情，和我緊緊的擁抱之後，說下次記得帶家人來這裡找他。喬巴叔叔單純的熱情和友善令我相當感動，簡單的與喬巴叔叔一家人道別後回到旅館，我想在這，已經開始慢慢有感情了。

晚上參賽的選手陸續到達，讓我有點緊張，大家晚餐時在一起聊天，不知不覺我竟然也可以聊了起來，努力用功果然是有收穫的，雖然沒有非常流利，但還是可以溝通，來自日本、夏威夷、英格蘭、美國、德國、西班牙……等選手，大家對大自然都有一樣的愛好，聊著過去的參賽經驗與旅行等，比賽的味道今晚開始越來濃厚了。

山中的王國——大吉嶺

慢慢的拿起杯子將茶含在口中品嚐，一開始舌頭與喉嚨有些許澀感，但令人驚奇的是，果香的味道慢慢隨之而出，進入味覺、嗅覺，前段為較重的果香，後段再品嚐一口，轉變為茶香，回甘再回甘，我的天！我已經慢慢飛起來了。

早上起床頭和喉嚨有點痛，希望不是高山症或感冒的前兆，七點大會的董事Pandey來見我，他高高瘦瘦的，講起話來一副商人的樣子，每一句話開頭口頭禪都是「Yes, My friend!」這句話後來天天被大家拿來開玩笑。看到他左手打石膏，我好奇的問Pandy發生什麼事，他說在檢查比賽路線時不小心在山徑上摔下去，接著一個豪邁的笑聲，叫我們比賽時都要小心，坡度非常陡。原本以為是他嚇我的，沒想到隔天比賽時，真的令人大吃一驚。

大會今天安排大吉嶺觀光，晚上是賽前簡報，出發前大會特地發亮橘色的布讓我們繫在脖子上，因地區太大怕我們走丟，綁在脖子上還真的閃閃發亮，從Mirik搭大巴士到大吉嶺需要三個小時，每隔幾公里，都設有軍人真槍實彈在駐守檢查站，還會拿槍上車檢查我們的護照，因這裡靠近戰亂地區，管制非常嚴格，況且我們又坐著大巴士，特別引人注目，為安全起見，軍人還開吉普車護送我們到大吉嶺。Pandy說大吉嶺又稱為「金剛之洲」，是由藏語翻譯而來的。海拔兩千一百三十四公尺，房子都蓋在傾斜的山坡上，不可思議，但因為當地開發，燃料與木材的需求增加，周遭山區森林濫伐相當嚴重，以落葉林為主，算是一等一的木材，整座山幾乎都是房子，即使房子底下是中空的，插上幾根木頭支撐，不管多陡，他們還是可以建得起來，真是為當地居民的安全捏把冷汗。

大吉嶺有兩個不可不知的特色，就是公認為世界最好的茶葉——大吉嶺茶，以及世界文化遺產「喜馬拉雅鐵路——玩具火車」(Toy Trains)。大吉嶺茶每年的生產量只有七千至一萬兩千噸左右，正因如此，市面上甚至還有大吉嶺山寨版。車子開過茶園，都可以聞到陣陣飄過的茶香，大家禁不起誘惑啊，趕緊和英國的選手點上一壺茶，還附上一個小濾網，以防倒出來時果實也掉入杯中，白白的一陣煙從淡紅色的茶中飄起，看似普通的一杯茶卻令許多人為之瘋狂，慢慢的拿起杯子將茶含在口中品嚐，一開始舌頭與喉嚨有些許澀感，但令人驚奇的是，果香的味道慢慢隨之而出，進入味覺、嗅覺，前段為較重的果香，後段再品嚐一口，轉變為茶香，回甘再回甘，我的天！我已經慢慢飛起來了，果真是一絕，好茶、好茶啊！看大家喝的表情先是眉毛一皺，接著突然上揚，就知道每個人都出竅了。

採茶婦充滿皺紋的臉龐透露著滄桑、智慧與平靜。

火車站前人來人往，因大吉嶺大多是外來移民居多，尼泊爾、錫金、不丹、藏族……等，所以有許多不一樣的面孔。上了玩具火車，開往下一站，蒸氣火車還燒煤炭作為動力，有些沒有燃燒完全的小煤炭還會飛進車廂中，常常噴得大家滿臉都黑黑的，而且有時黃色的煙味還非常嗆。一開始感覺很有趣，但後面卻坐得很辛苦，大約半小時後下車，不知何時有一隻小狗直接睡在鐵軌上動也不動，一副懶洋洋舒服的樣子，而且雙腳還打直塞得剛剛好，好像鐵軌是他的床一樣，好不有趣。還有小朋友穿著印有日本新幹線字樣的衣服，路邊許多賣水果蔬菜的攤販，五顏六色，所有在高地種出來的食物都像是被榨乾一樣，因為壓力的關係把水份都擠出來，不然就是相當短小，不過能夠吃到這些食物已經很幸福了，因為在如此偏遠山區，很多物資幾乎都要靠運送上來，而這裡貧富貴賤差距相當大，生活非常辛苦，相較出生在台灣的我，感觸相當深。

回到旅館，晚上是賽前簡報，桌上擺著氧氣瓶、藥物、繩索、小刀、食物，告訴我們如果發生緊急情況該如何自救和應變，例如高山症發作、頭痛缺氧、上吐下瀉，以及會遇到的動物，看到狼與雪豹時該如何保護自己。聽著印度英文，天啊，我突然覺得英文白學了，都聽不懂，因為他們

野狗臥於鐵軌中央，有種突梯的喜感。

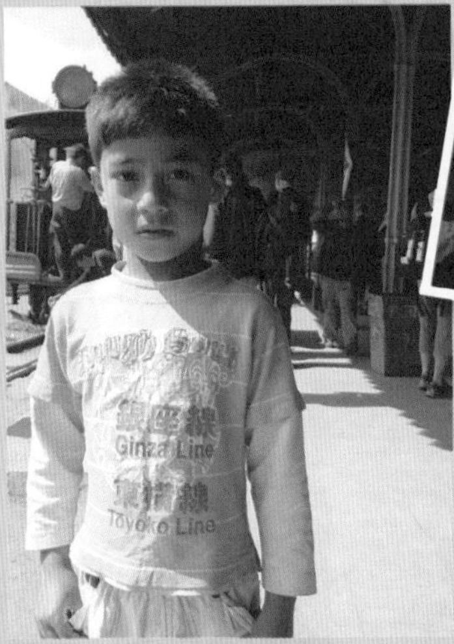

穿著日本二手舊衣的小男孩。

大吉嶺車站。

行前訓練的急救器材。

終於到七大洲八大站的首站——喜馬拉雅山賽的號碼巾。

我的賽服，號碼94。

現在國家充做觀光用的蒸氣火車在此仍做為日常使用。

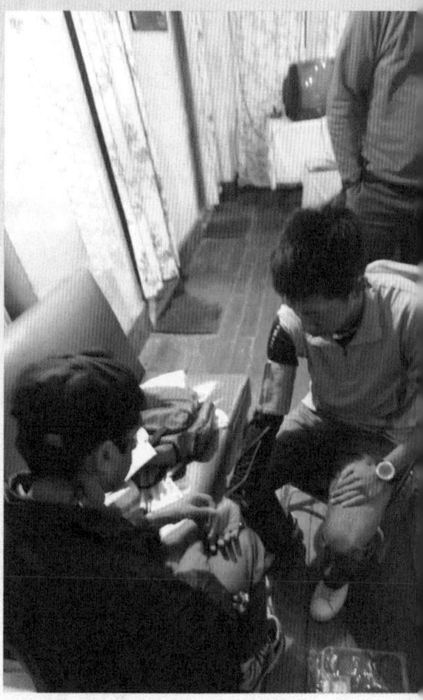

賽前基於安全考量，選手皆需接受健康檢查。

都會用花舌在講，比台灣國語還難聽得懂，還好交了一位英國朋友他都會告訴我重點。

而這次比賽的選手都大有來頭，像是二〇〇六年亞馬遜叢林馬拉松冠軍、二〇〇八年北極點馬拉松冠軍、撒哈拉沙漠馬拉松賽、登山冒險家……，真是越來越刺激了。晚上大家坐在一起聊天，分享著如何得知此項賽事，都很期待明天的比賽，對於此次參賽年紀最小、來自台灣的我，大家都很好奇，我開始向大家一一介紹台灣：101大樓，夜市美食……等。

賽前大會會先幫所有的選手作身體檢查：量血壓、體重、問先前病史與使用的藥物，雖然器材沒有很先進，但可以看得出大會的用心，畢竟在深山裡，資源有限。晚上整理好裝備，十點半就上床就寢，很多期待、很多不安，但相信，會平安完賽的。

終於能上場比賽，我不覺握緊拳頭，準備沉穩應戰。

抽筋的雙腳

一連串的石頭路上坡，跑進雲層中瀰漫著大霧，氣溫馬上降低又吹著刺骨的風，每跑一步，大腿就越來越僵硬，越來越痛，我試著放慢一些速度，但還是無法緩解，突然雙腳劇烈的抽筋跌倒在地，右大腿整條肌肉不斷抽動，我無法控制它，痛到像是要把肌肉拉斷一樣。

在印度天天吃咖哩餐，味口重，易上火。

在這五天的賽程裡，天天都是標準的早睡早起，第一天四點五十起床，五點半出發，開一個小時四十分的車前往起跑點 Maneybhanjang，這是一個在山谷的小鎮。在 Mirik 這種偏僻的地區，要看見我們搭的大巴車幾乎很少見，我們反而變成當地村民的景點。

在印度，幾乎天天都是咖哩餐，一開始還覺得很特別很好吃，但三天後，已經有點吃怕了。在車上大會發早餐，打開餐盒馬上傻眼，什麼！還是咖哩三明治、炸咖哩球，看

著英國選手吃完後臉像火車頭發紅、冒煙又噴淚，一臉痛苦還拚命豎起大拇指叫我們吃吃看，直覺告訴我今天賽程第一天的早餐一定非同小可，還是躲過一劫，吃自己準備的泡飯吧，我可不想一整天嘴巴噴火跑上山。大家看英國選手吃成這樣，結果都只拿了果汁就把餐盒放下，工作人員還誤以為東西不好吃，後來英國選手還拉了一天的肚子。

途中在村莊小路有個地方要一百二十度左轉，前面的三台車都卡很久才開進去，不斷的前進倒車，換我們這台時，只見司機大哥算準時機，猛力一轉直接開進去，當場全車的選手和村民瘋狂的鼓掌大叫，還沒到起跑點，氣氛就已經先被炒熱了。下車著裝好後，兩旁滿滿都是居民在觀看，真的很令人興奮與期待，因為太冷大約三度，我一直打寒顫，聽著將軍解釋比賽路線，「一定要沿著紅色箭頭跑，不要抄小路，去年就有選手抄小路結果迷路跑到另一座山，我們出動軍隊兩天後才找到人啊。」這是我聽到最清楚的一句話。

當號角聲響起，隨著倒數計數，我心情隨之高漲，腎上腺素從頭頂灌注到全身，還沒整理好情緒時，「三、二、一！碰！」比賽正式展開了，居民的歡呼聲四起，與七十二個腳步聲響亮

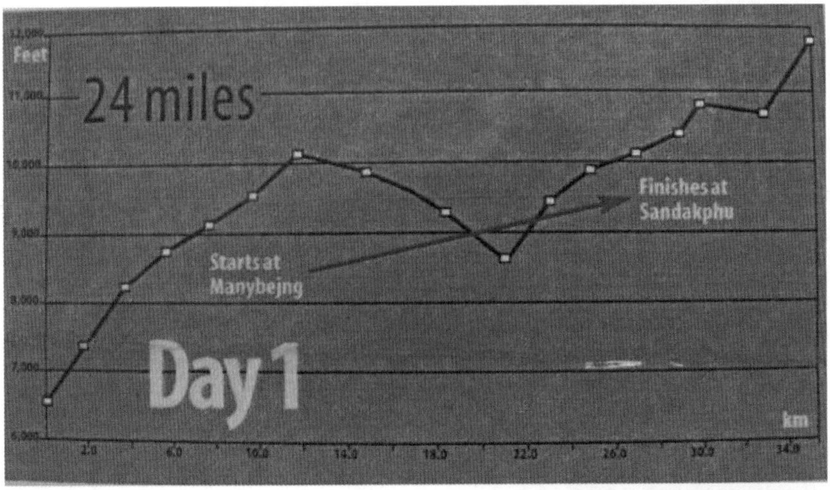

比賽區域動亂頻仍，沿路有軍人保護選手安全。

了整座村莊，「來吧！」我的視野由靜止的時空，慢慢的加快速度，到比賽的世界裡頭。

四百公尺後，開始無止盡的上坡，老實說，我參加過的所有比賽中沒見過這麼陡的路，必須用快走加快跑交替才上得去，踩不穩就會往後跌下山，而且第一站都是碎石路，很難踩好要跑的點，一不小心踩到石頭堆的縫就會扭到腳，不然就是踩到石頭較突出較尖的部份，對腳掌與膝蓋的負荷真的很大。可能是因為第一次自己參加比賽，情緒上壓抑不下來，有點太興奮，不斷的加速追著前面的選手，直到第一個檢查站就已經用掉太多體力，被後面的選手追上了。此時韓國的選手安(Ann)與我差肩而過，示意我和他一起跑，好吧，順便也重新調整一下配速。安是二〇〇八年北極點馬拉松比賽冠軍，他也參加過許多冒險與極限運動比賽，算是實力相當好的老手，在全部選手的資歷裡面我算是菜鳥階級，跟在安後面我慢慢的抓到速度的節奏。到了第二檢查站，選手都必須簽上自己的名字與時間，三度的氣溫讓手指變得有點不靈活，看了檢查紀錄才知道前方有十四名選手，大約領先我們在二十分鐘內。我和安討論好要一同追上，但卻是痛苦的開始，此時高度上升到三千一百公尺，速度慢慢的加快，稀薄的氧氣讓我越來越喘，慢慢的我們一個個超越，追到領先集團選手，在經過一個山口後，終於是一連串的下坡，想說可以喘口氣，但卻也不輕鬆，反作用力震得大腿與膝蓋的疲勞加劇，此

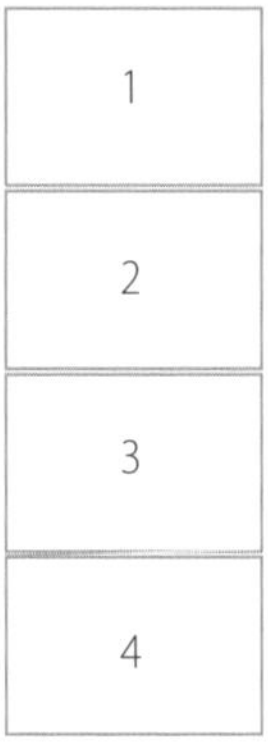

1比賽即將開始。

2每過一個檢查站都需簽到，避免作弊。

3我忘記計算總里程，沒有保留體力，第一天就貿然衝刺。

4在礫石地上跑步，對膝蓋真是一大折磨。

時突然被一個鬆動的石頭絆到腳失去重心，眼看身體要往前跌時，我趕緊用右腳往前用力一踏支撐自己，「蹦」一聲，還是撞到地上的石頭，還好有用手撐住，只有些許的擦傷，正當要繼續跑時，感覺右大腿著地一陣抽痛，但我沒有停下來，因為有時間的壓力，我打算到終點後再處理，但沒想到途中還要穿越一些小瀑布與爛泥巴，讓經驗不足的我吃盡了苦頭。

三小時後，我們追到第八名，開始是一連串的石頭路上坡，跑進雲層中瀰漫著大霧，氣溫馬上降低又吹著刺骨的風，每跑一步，大腿就越來越僵硬，越來越痛，我試著放慢一些速度，但還是無法緩解，突然雙腳劇烈的抽筋跌倒在地，右大腿整條肌肉不斷抽動，我無法控制它，痛到像是要把肌肉拉斷一樣，我趕緊變成跪姿伸展，但還是不斷的一直抽筋，「不用管我，你先跑吧。」我和安說著。好不容易伸展到紓緩點後再繼續趕路，但一站起來起跑又開始抽筋，前後耗了快三十分鐘，走走停停，被很多選手超越，「不行了嗎？」看著自己的雙腿，突然有這樣的想法，又被女選手追過，頓時覺得有很大的失落感，最後第一站用硬拖的方式抵達，花了五小時十三分。不知道後面四天可不可以跑完，雙腳幾乎無法動彈。

到山屋時工作人員說有熱水可以沖澡，真是太好了，我快冷死了，看那一壺水還在冒煙，應該很燙，結果是騙人的，因為在氣溫低的高山上，只要一點點溫水都會冒煙，一沖下去冷得要死，我還叫了出來，在外面的選手聽到都哈哈大笑。原來先回來的選手都洗過，結果我們很壞的和每一位回來的選手都說可以洗熱水澡，結果各個慘叫加點粗話收場，學到教訓後，後面四天的比賽都不洗澡了。我們住在三千七百一十九公尺高的簡陋小木屋，為了節省能源，晚上七點全部斷電，沒有任何暖氣，只靠著門口燒木柴的暖爐來抵擋零下三度的氣溫，我與各國的選手們一同圍著暖爐聊天，大家八點多就早早入睡了。第一天總名次第十六名，祈禱後面的比賽可以順利完成。

1第一站高度垂直上升兩千多公尺，幾乎引發高山症，頭痛欲裂，毫無食慾。

2衝上雲端赫見世界第三高峰，頓時忘卻痠痛。

3賽程中不時確認高度表，提醒所在位置。

大地之母——聖山的祈禱

赫然間，我進入「靜」的世界裡，四處寂靜，突然從聖山的方向有微微的風吹向我這兒，吹在我的身上，呼嘯而過，一種很抽象的精神波動，緩緩注入內心。那種來自大自然的回音，讓我充滿敬意和感恩。

第二站三十二公里的路程，起跑後沒多久，雙腳就不聽使喚，我忍不住開始懷疑自己：「能不能跑完？」來參加比賽一開始是抱著要跑出前三名的成績，但第一天賽程結束後，奪勝的意志被磨掉了。眼看第一站已經輸了那麼多，第二站就退一步想，只希望不要再抽筋，把這場比賽跑完就好，已經沒有再去想要得第幾名了。我把速度放慢、調整好呼吸，半小時後的身體狀況稍微好一些，我就開始想，是不是可以再試著拚拚看？

正當我想嘗試時，正好是下坡，我不要命似的，一路往下衝，路上的石頭很大，而且坡度很陡，將近四十五度，對選手膝蓋的傷害非常大，跑到後來十字韌帶都很痛，而且石頭可能會讓選手摔跤，一跌下去肯定皮開肉綻。

這時我排第十五名，但我追回名次的動力非常強，卯起來就是狂追，國外選手看到我這樣不要命的跑法都嚇到。「Tommy今天火力全開了！」他們一開始也跟我，但跟了一小段後決定放棄，我用驚人的速度不斷追趕，一個小時後，我追到第四名墨西哥與韓國選手，韓國選手安瞪大眼看著我，沒想到我起死回生了，我們一同較勁，可能是因為我年輕吧，每次上坡雖然落後，但下坡就一直衝，那些國外選手都覺得我不怕死。

因為第一站輸掉太多時間，我試著追回昨天落後的差距，拉開與他們的距離，這是第二天，而我用了九成的力量追成績，把大家都嚇了一跳，無法理解我這個第一天落在第十六名的小毛頭，怎麼突然追到前頭，大家開始談論我。但我經驗不足，不知道後面還有三天比賽需要足夠體力去應戰，當我衝進終點後，心中還覺得很得意，很高興追上了好成績，但後來才意識到不太對勁。

不管是坐著、躺著、喝水、休息，都覺得很不舒服，不只胃不舒服，頭特別痛，我心想：「慘了！該不會是高山症發作了。」我伸展完後，吃了高醫師給我的丹木斯後雖然有緩解一點，但依然難受，一動就想吐，從下午昏昏沉沉的只能躺在床上休息，然後到了晚上吃飯，我已經沒有任何食慾，但為了後面三天的體力，都

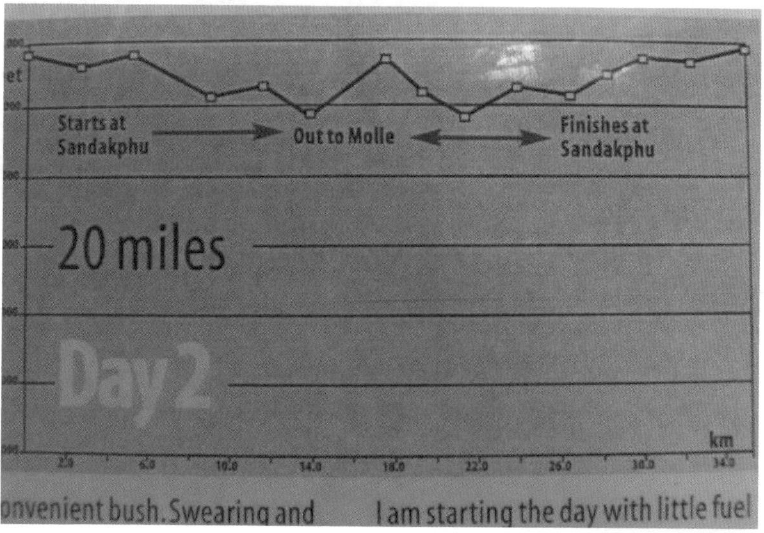

第二天全神貫注於趕路，想追回前一天落後的名次。

硬塞下肚。大家看我臉色難看前來關心，我答道頭痛得很厲害，沒想到每個人幾乎都有這樣的問題，結果大家都一樣！別國選手都在聊天，我勉強吃飽後，只能拖著沉重的步伐上床休息，這天我是真的很不舒服，但才第二天而已，沒想到這頭痛只是前哨站！

可能是因為太勉強自己，好勝心太強，第二站以第二名做收。除了吃飯、上廁所之外，我幾乎都躺在床上，無法起身，而且有點咳嗽，擔心如果變嚴重的話，可能就會引起肺水腫。第二天對我來說，算是一個轉折點，要嘛就撐過下一站，要嘛就是盡力就好，不要去想名次的事情，這是內心很強烈的掙扎。

高山症噩夢，與墨西哥選手的情誼

儘管身體非常痛苦，但卻很享受在喜馬拉雅山上的比賽，有種「終於踏上夢想」的感覺：終於可以在喜馬拉雅山上奔馳。

第三天最長的一站是標準馬拉松距離，是場硬仗！競賽路線有陡升與陡降路段，山高谷深，賽道十分險峻，大會特別叮嚀要注意自身安全，尤其是高山症，我想只要今天撐過去，最後兩天就比較輕鬆。因為距離很長，我們起得相當早，四點半起床，準備六點起跑。結果一出門，寒風吹來讓我冷到全身發抖，一看溫度計，才知是零下三度！雖然一度跟零下一度只差兩度，但是一看到「負的」，心裡頭的感覺就有差，老覺得好冷好冷。大會改成六點半起跑，安排我們去小木屋裡等太陽升起後再開始比賽，此時我已有點脫水，嘴唇都發白。

這種比賽很有趣，第一天你會看到大家都卯足全力衝，第二天就明顯有了疲態，第三天要出發時，每個人開始都跛腳的，很好笑的是，一天比一天還嚴重，剛開始只是輕微鐵腿，到後來看起來

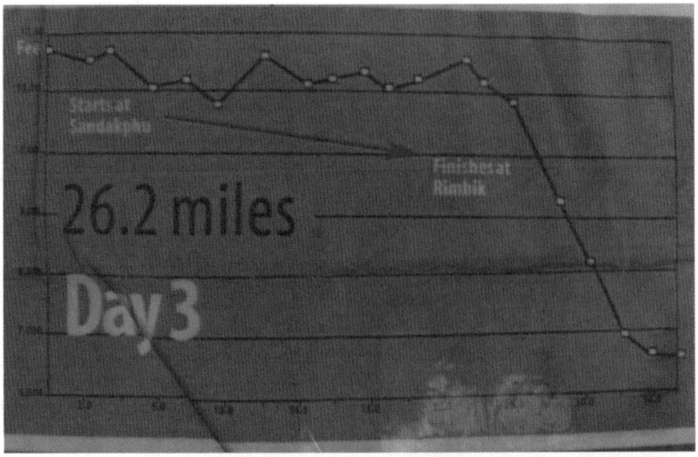

第三站 Stage 3
Sandakphu → Rimbik 26miles (52km)

陡峭的碎石賽道，必須手腳並用方能克服。

幾乎都要拄枴杖了，真的很好笑，怎麼會有這群瘋子，我當然也是其中之一。

起跑點後方就是世界第三高峰，干城章嘉峰（Kanchenjunga），海拔八千五百八十六公尺，也被稱為「五座巨大的白雪寶藏」，漆黑的雲海中，光芒四射的弓箭不斷的被射散出來，天空的顏色開始隨之轉變，火紅的太陽升起，陽光灑落在山峰上，微風吹起了雲煙，這是世界最美麗的起跑點。

大家都鐵著腿走到起跑線，看起來像老弱殘兵，但很奇妙的是，槍聲一響，哇！每個人都回春能跑了，這到底是怎麼回事？但我的腳好像有幾百個鉛塊綁著，沉重得無法再往前跨一步，又開始再度落後，很懷疑自己能跑完這一站。也因為如此，我一開始的好勝心沒有很強，心想先沉住氣，等有機會再追回，決定使用烏龜戰術。但身體已極度不舒服，不只乳酸堆積得很嚴重，右腳也磨出一大個水泡，一直磨、一直磨，第三站對我來說，這整整五個多小時，每一步踩下去都是痛，我只能忍，全身都是疲憊，肌肉僵硬，因此我沿用了第二站的策略，三十分鐘快跑，接著十分鐘降下速度緩和心跳，然後再繼續三十分鐘快跑，這樣循環下去。過沒多久，我再也看不到任何人了。每個檢查站都有登記表，我趁這機會看看與前方選手的差距，沒想到韓國選手已經超越我十二分鐘，我告訴自己，還有三十幾公里，應該可以追上，我壓抑情緒不敢加快速度，因為第一天的慘痛教訓就是雙腿抽筋。

儘管身體非常痛苦，但卻很享受在喜馬拉雅山上的比賽，有種「終於踏上夢想」的感覺：終於可以在喜馬拉雅山上奔馳。後來到了比玉山（四千零一十二公尺）還高的折返點，是在很夭壽的山坡上！瘋狂夭壽的連續髮夾彎上坡！看到差距一分鐘的韓國選手時，原以為很近了，心中暗暗竊喜，結果一分鐘的距離竟是如此遙遠！花了一個半小時才追上，但同時發現水袋快要空了，糟了！只好節省點喝。我拚了命加速追向他，韓國選手見我追上，也開始加速，頻率是從「答——答——答——

站在第三天的起跑線，我們背後矗立的正是世界第三高峰。

答……」變成「答、答、答、答……」我一看，靠！怎麼變快了！到了折返點手已經有點凍到發抖，根本沒法好好簽名，看登記簿上每個簽名都變鬼畫符。我隨意將水壺加點水、把香蕉咬在嘴上，六十秒內就出發。後來我才知道這是錯誤的想法，因為我沒有把一整天的長距離競賽以及折返之後的下坡路段考慮進來，很容易造成體力耗竭。這也是經驗不足的菜鳥常會發生的情形。

遇到後方的選手，大家都會有默契的互相擊掌，就是在告訴彼此「Good job!」互相鼓勵，雖然是比賽，但大家都希望每一位選手都可以完成賽程，這心態上的轉變實在很大。我追上了韓國選手，緊跟在他後面同步跑，他跑過的每一步，我就跟著踩上去，他將土踩紮實了，我就比較節省力氣，一方面也可幫助我擋風。跑前面的人，通常會比較緊張，跑在後面的人，因為前面有目標，你可以預知任何情況發生，所以我在後面就會比較輕鬆。

西班牙、英國和韓國選手想出很厲害的方式，就是斜著跑上山坡壁，避免直接踩在碎石路上的撞擊，交錯在石頭路和山坡壁之間，呈現S型的跑法，但這種跑法要很小心，一個重心不穩就會跌倒。我也開始採取這種跑法，沒辦法，因為那些碎石路讓膝蓋很不好受，對選手實在太殘酷，加上又很難

溪谷暗藏風險，選手得小心應變。

在枯草地上跑著，每次出發都無法想像何時能回到終點。

維持配速，即使經歷過撒哈拉等各種極限馬拉松的經驗老道選手，還是忍不住說這種路段真是「Tough！」

我跟在韓國選手後方，我們兩人不斷再加速，但頭開始劇痛、反胃、呼吸急促，我趕緊吞下高醫師給我的祕密武器，威爾鋼（高山症的配藥），血管舒張運送更多的血液後雖有明顯紓解身體的症狀，但約半小時後又開始頭痛欲裂，我不得不停下來休息。原本想說喝口水，沒想到水一下肚，「噗啊！」馬上就把整個肚子裡的東西全吐了出來，反胃、嘔吐不止，即使已經沒有東西可吐，我還是一直乾嘔，狀況實在很糟。「就這樣子了嗎？」我問自己，在原地停了十五分鐘，眼睜睜看著好不容易才追上的韓國選手，

當我因高山症而不支跪地嘔吐，一抬頭，卻見雪白光燦的聖母峰，
彷彿蘊含龐大能量，源源不絕灌滿心靈與視野。

踩入溪澗中，與墨西哥選手並肩作戰。

他又慢慢消失在我眼前了。我頭垂得很低，雙手壓在自己的大腿上，一直喘氣，但腦袋已經沒有任何思緒，身體慢慢失去重量，只剩失去靈魂的軀體。

等到我再抬起頭時，腳下的雲層以及雲層上的四大高峰清晰可見，我看著眼前神聖的珠穆朗瑪峰，用謙卑的心向聖山祈禱、對話：「該怎麼做？還能跑嗎？還追得上嗎？」赫然間，我進入「靜」的世界裡，四處寂靜，突然從聖山的方向有微微的風吹向我這兒，吹在我的身上，呼嘯而過，一種很抽象的精神波動，緩緩注入內心，她好像在說：「去吧！」那種來自大自然的回音，讓我充滿敬意和感恩，這種感覺實在很難言喻，或許這是一種共鳴吧，心中的意境大於身體的疲憊。我雖然在比賽，但彷彿進入了另一種空間，完全不屬於這世界。我撐起疲憊的軀體，再度回到「動」的世界，那股聲音消失。等我回神時，腳步「答、答、答、答」的聲音又回來了。我突然問自己：「這不就是你要的嗎？抬起你的腳啊！這是你能做的，你選擇的，你的夢想啊！你已經奔馳在這夢想的道路上了！

阿基里斯腱

為人體最大的肌腱，由小腿肚的比目魚肌和腓腸肌的肌腱共同形成，並附著於跟骨後方。為人體站立與行走的主要動作肌腱，往往因為運動前暖身不夠或是過度運動引起受傷，一旦受傷了必須休養半年到一年的時間才能回到運動場上。

世界足球明星貝克漢就是因為在比賽時阿基里斯腱斷裂而無法踢世界杯。

努力一年多，不就是為了這一天！」我不斷這樣問自己，不斷與自己對話，周遭的自然景物，還有微風跟太陽，其實，我並沒有慌張。

這一刻，我覺得很寧靜。不斷地用「疑問、肯定、疑問、肯定」的方式自問自答，也更清楚自己為何要來參加這場比賽。這就是我的夢想、我的信仰，我想要在這裡奔馳。我開始鞭策自己，與韓國選手同樣都是亞洲人，我不想輸，怎麼可以這樣就認輸？我抬起沉重的腳步慢慢追趕著。

比賽進行到今天是第三天了，路程非常豐富，除了碎石路，還有棧道、樹林，我們都必須不斷左跳右跳迴避那些主要道路上的障礙，以免膝蓋受傷。這真是折磨人至極的比賽！有時候還是會有抱怨：「挖靠！這是什麼賽道啦！」後段賽程從四千零一十二公尺處遽降到兩千一百公尺的下坡，好幾次都差點跌倒，讓我的阿基里斯腱開始隱隱作痛，對於運動選手來說，阿基里斯腱如果受傷，運動生涯也就沒了，但此刻怎麼可能停下來，不巧高

森林高大幽深，若未看清方向標示，極易迷路難返。

甫抵達第三天的終點，我隨即累得倒地呼呼大睡。

山症卻在這時來鬧場，胃不斷的翻騰攪痛，好死不死的是，除了胃痛，我也好想拉肚子，結果沒帶面紙！慘了！實在撐不下去了。我回頭看看後面沒有人追上，就衝進草叢裡，順手找了一堆枯樹葉充當衛生紙，這種原始方式解決還真是頭一遭。那個樹葉擦起來辣辣的，我的天。還好是在森林中，如果是在石頭路上，我可能得要拿石頭解決了。

我趕緊上路，過了不久，聽到下方有印度音樂，心中竊喜：終於快到啦！此刻已經跑了四個多小時。到了檢查站，一問之下，竟然還有六公里！身後有陣「磅、磅、磅」的腳步聲傳來，墨西哥選手追上我了。我們「Man's talk」，用手肘互頂一下，幫彼此打氣，看他不僅滿頭大汗，而且臉色有點發白，我們在補給裝水時，都會等待對方，這是長程比賽，不會因為有人身體不適退賽而感到喜悅，相反地，如果聽到有人到了終點，是絕對可以為自己打氣的，激勵自己也要做到。極限馬拉松選手不會只想到爭取名次，反而會希望大家一起完成，這是和一般馬拉松很不一樣的地方，這也是讓我上癮的原因。

後來我們到了下一個檢查站，他們又說「剩下六公里」。什麼？我有沒有聽錯？上一站不就說剩下六公里了，怎麼這一站還有六公里？原來是大會算錯，此站

變成五十二公里，狀況不好的墨西哥選手氣得一邊跑一邊罵。我們繼續趕路，終於看到韓國選手，不過看他那樣子好像快掛了，我跟墨西哥選手就互相示意追上去，墨西哥選手跑在前方帶領我，他突然嘩啦一聲吐了出來，接著跪在地上不斷狂吐，全身有點發抖。我停了下來，沒有馬上過去幫他，眼睛又轉到韓國選手身上，看他逐漸遠離，我心裡頭一直想：要追？還是停下來？如果這時丟下墨西哥選手，去追韓國選手，我也許可以拿到第三名，獲得不錯的成績，但我又問自己：這是我要的嗎？這樣做，我對得起自己嗎？這是我的決定嗎？五秒快速思考，我決定幫助墨西哥選手。

我盡全力體會在比賽的過程裡，即使沒有較好的名次，即使有找下一場贊助更大的壓力，我問心無愧，對得起自己，這樣，就夠了。沒有任何一個重要的獎項、沒有任何一件事，會重要到讓我們拋下人性。我拿了高山症的藥給他吃、拿水給他喝。他一開始還叫

回到終點，選手扮鬼臉玩在一起。

我不用等他，但他狂吐不止，我拉著他的手跟他說：「一起走吧，我們一起到終點。」國外的選手都是彪形大漢的模樣，這下他也沒有拒絕我，跟我一起走。

我們就用小慢跑的速度前進，我在前面、他在後面，如果沒聽到他的腳步追上，我就會回頭停下來鼓掌等他。鼓掌是一種無形的力量，這種聲音會激勵選手，讓選手繼續抬起腳步，最後我和墨西哥選手一起進終點，時間五小時五十四分抵達，在第三站並列第三名，此時我總名次第四，韓國選手快了我三十分鐘。

我躺在草皮上，有點畏寒，胃還是繼續痛，可能是體能耗盡，我竟然瞬間睡著。那時正值中午，陽光很烈，其他選手怕我曬傷，把我又拉又推地拖到陰影下，我完全不省人事，醒來後才知自己沉睡了半個多小時。

第三天住得最好，也吃得最好。因為海拔較低，物資比較好運送上去，前兩天都在吃恐怖的白飯配咖哩醬與蔬菜糊，今天有熱呼呼、簡單的番茄麵，還有獎勵選手的可樂。看著每位選手吃飯時滿足的表情，可見這餐有多珍惜。而選手中年紀最大的七十二歲阿伯，直到晚上以十四小時完成賽程，獲得大家的掌聲。我一整天腹瀉了八次，簡直快脫肛，睡前還嘔吐，高山症開始侵襲我的身體，體重從六十三公斤降到五十八公斤，再吃了日本選手拿給我的一些藥後，終於有緩解一點。

比賽過程中，連續的S形彎路，前方的珠穆朗馬峰若隱若現，那種感覺就像是跑向雲霧中的冰雪神山，跑向香格里拉，置身在前所未有的世界，卸下心中任何防備，美到讓選手暫時放下比賽，在這裡停下幾秒，忘掉比賽的壓力，忘掉身體上的痛苦，靜下來好好沉浸在珠穆朗瑪峰神祕又帶些神聖的力量中，她指引著我，甚至讓我願意把所有的軀體靈魂奉獻在此。這是比賽最好的禮物跟信仰，我想著想著，會笑，會微笑，而且會起雞皮疙瘩，雖然她只是短短出現在眼前幾秒，可是我永遠都知道：她在那裡。

隨著比賽進行，選手慢慢變成莫逆之交。

最後的賭注

前有強敵後有追兵，眼看只剩下最後兩站，現在放棄的話一點機會都沒有，但如果盡全力追回來也許有可能第三名，但時間差距太大，必須要力拚！兩站都必須用必死的決心全力衝到終點！

第四站 Stage 4
Rimbik → Palmajua 13miles (24km)

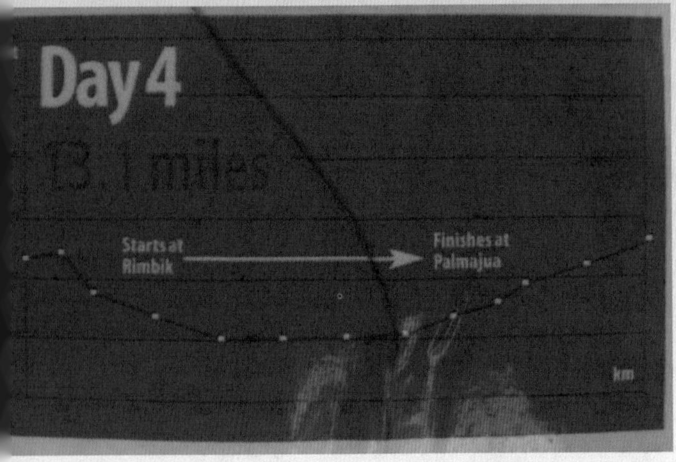

唉喲！一下床頭痛、腳踝痛，完全使不上力，右腳底超大的水泡變成血泡，其他人也好不到哪去。早餐後我吃了兩倍的胃藥和止瀉劑，只希望今天「九孔胃」不要再鬧脾氣，在昨天險峻賽道終於結束後，第四站二十四公里是最輕鬆的一站。

起跑前我特地去看張貼在牆上的排名表，第一、第二名的西班牙與英國選手已經領先我快兩個小時，第三名的韓國選手安只領先我三十分鐘而已，前有強敵後有追兵，眼看只剩下最後兩站，現在放棄的話一點機會都沒有，但如果盡全力追回來也許有可能第三名，但時間差距太大，必須要力拚！兩站都必須用必死的決心全力衝到終點！除此之外，沒有其他辦法，我開始看地圖，想著策略。

起跑前，我決定減輕重量把裝備包與水袋卸下來，只帶一瓶水及兩個補給棒插在腰上，韓國選手看我準備全力以赴，也把裝備卸下來準備接受挑戰。今天地形比較好跑，這也是我拿手的路段，起跑後馬上就是十公里的下坡路段，我先跟在西班牙選手後面，從第八名快速的追到第三名，英國選手緊跟在後，不時貼近我想超前，眼看其他選手慢慢被拉開，我盡力的維持速度，爭取更多的領先時間，最後十公里上坡前，「黑喜蝦！」眼看前方修道路把一旁的河流引進來，約有三百公尺處水深及膝，滑倒可會變成落湯雞，但不管三七二十一了，直接跨步衝過，鞋子全部濕掉讓血泡更痛，該死的！我全力衝向終點獲得第二名，慢第一名西班牙選手三分鐘，與韓國選手的差距縮短到只剩二十一分鐘。

過度勉強自己讓我體重又往下掉到五十六點六公斤，

雙腳起了一大塊水泡與血泡，每跑一步就痛之入骨。

大會醫生怕我脫水，要我喝完一千C.C.的水才准我去休息，明天將是最後一天。工作人員說最後一站稱為「勇士之路」，在很久以前，這邊都沒有任何道路，當村子裡的男孩成年了，就要翻山越嶺的走到另一座山頭打獵，自己學著獨立在山上生活，這條路象徵轉變成勇士的必經之路，而我們，明天也將踏上這條最後的賽道。

1 以第二名抵達第四天終點。
2 我告訴自己：「加油，再一天就跑完了！」
3 第四天的前四名選手合影。

勇士之路

我第一次自己做到了，回想找贊助時的失敗，比賽過程的痛苦，與其他選手們五天的點點滴滴，我無法停止，大哭吧！

最後一天早餐大夥聚在一起聊天，討論著比賽完要回到哪裡有什麼計畫。突然一位英國選手問我們如何上大號，因他鐵腿嚴重到蹲都蹲不下去，還有人說他昨晚站不住跌到馬桶上，當場把大家逗得哄堂大笑。沒多久，一陣寂靜，我們都知道，這一站結束，就要和大家分開了，心裡有許多不捨。起跑線前，我們彼此打氣、擊掌，南韓選手安和我說看起來名次已經確定了，問我要不要跑在一起，我說：「謝謝你，但我會盡全力跑完這一站！」我心想可能勝算不大，但如果你會贏，我也要讓你贏得不輕鬆。起跑後我與西班牙選手飛奔出去，馬上就形成領先集團，我採取每兩站喝一次水的跑法節省時間，直到最後七公里，血糖急速降低，頭開始暈，手指發麻、發冷，我試著硬撐下去，只想用盡全力把在後方的韓國選手的距離拉得更遠，這種壓力真的很恐怖，因為只有一次機會，每一分每一秒都不能浪費，你只有一個選擇，就

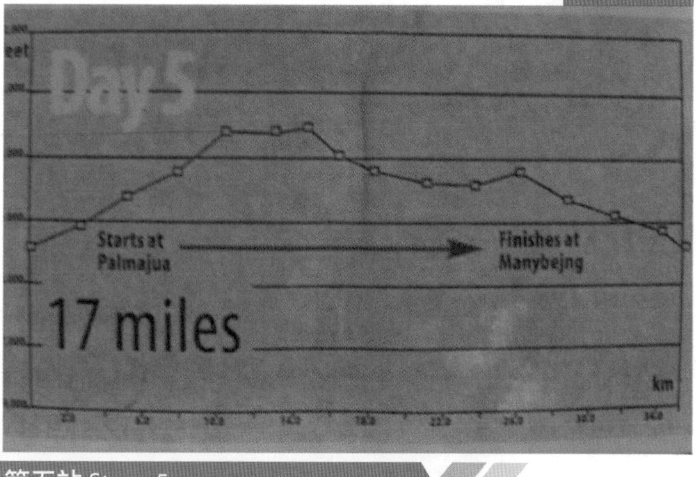

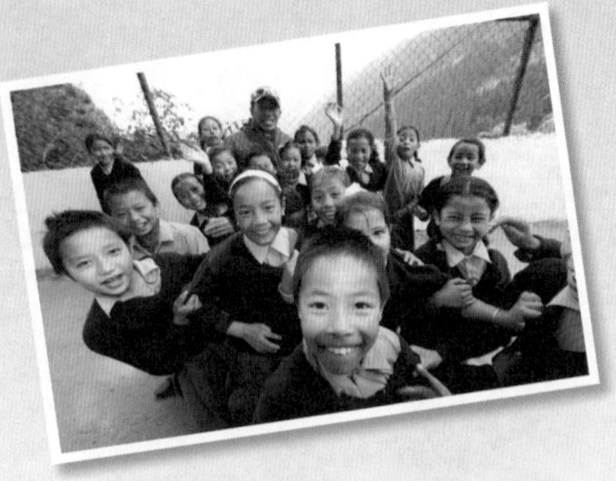

小朋友在終點線前迎接我們，高聲歡呼與天真的笑容，是終點的第一份禮物。

是往前衝！咬緊牙根用盡全力的往前衝！西班牙選手知道我在追趕時間，便帶領著我跑，最後的兩公里，頭暈得更厲害，不斷的想嘔吐，好想停下來，手指末端越來越麻，冰冷，突然耳邊聽到前方村莊「咚！咚！」的打擊樂，是終點線！西班牙選手高興的對我大喊，「Go! Tommy !」示意要我快跟上，終點線前的五十公尺，我們兩人握緊手，加快速度一起衝過迎接我們的終點線，腎上腺素馬上分泌，身上的細胞不斷的被激發、躍動，我閉上眼用盡最後一絲力量大喊著，「喝啊——！」感受這一刻，感受這圓夢的一步一腳印，好踏實！好激動！在大自然下的焠鍊，我們倆緊緊的相擁而泣。

太多的情緒一時湧上來，我第一次自己做到了，雙手撐著精疲力竭的雙腳喘息，腦中像跑馬燈一樣開始閃過許多片段畫面，找贊助時的失敗，比賽過程的痛苦，以及與其他選手們五天的點點滴滴，我無法停止，大哭吧！我做到了！我一直不斷的哭泣，宣洩著一整年壓抑的所有情緒。我以總時間十八小時八分獲得總名次第四名，只輸韓國選手十二分鐘。

在原始的高山裡競賽，讓我體驗到，當我把名次看得比自己還重要的時候，這是比賽；當我把自己看的比名次還重要的時候，這是體會。在極限運動的領域裡，每一位選手都有他堅持下去的故事，都有不一樣的奮鬥理念。我們等待所有選手回到終點，大家一起享受這一刻，即使是身經百戰的極限好手，在經過大地之母——喜馬拉雅五天的洗禮下，進終點時許多選手流的眼淚，更加點綴了喜馬拉雅山的美麗。

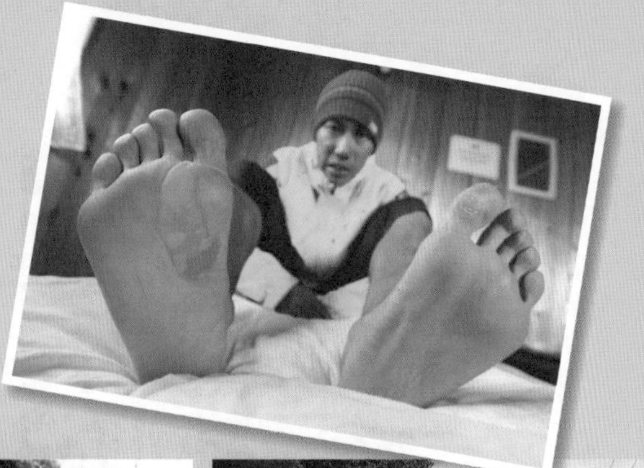

五天來傷痕累累，比賽完全身動彈不得。

這一刻，選手臉上總是同時迸出歡笑與淚水。

最後一天與西班牙選手同時進入終點線。

互道恭喜之際，也締結深厚友情。

我的體型、年紀與經驗不如西方選手，仍跑出佳績，獲得大家肯定。

我們不說再見

互相照顧、互相打氣，這是我第一次自己出國比賽，謝謝你們帶給我很多感動與回憶，我想我永遠都忘不了這裡的一切，我愛你們。

能讓國旗與世界各國站在一起，是我的驕傲。

令人期待的頒獎典禮，看著台灣與其他十四個國家的國旗擺在一起，令我挺起胸膛，真的好驕傲，卻也難免有些失落，因為只頒總名次前三名的選手，我只能在台下鼓掌。

不過大會特別頒發「Long Day」第三站的大獎牌，第三名「Taiwan, Tommy!」（臺灣、陳彥博）、「Mexico, Carlos!」（墨西哥，卡洛斯）我們一同上前站到頒獎台上，但這時墨西哥選手向大家揮手，作勢要說話。大家都靜下來看著他，他說：「其實 Tommy 本來總名次可以第三名的，但都是因為在第三站的時候停下來幫助我，我那時不斷嘔吐，他選擇停下來，陪著我一起到終點，這個獎牌，應該是屬於他一個人的，Tommy，謝謝你。」隨後，他請我接受大家的掌聲，「YA! Tommy! Good job!」我臉紅到幾乎快要不敢抬頭，真的很不好意思。主辦單位請我也說幾句話，我的天！第一次比賽就要在七十二位外國人面前講英文，我緊張到腿發軟，鼓起勇氣用簡單的英文說：「在這五天的賽程裡，謝謝你們大家的陪伴，與你們就像是家人般，互相照顧、互相打氣，這是我第一次自己出國比賽，謝謝你們帶給我很多感動與回憶，我想我永遠都忘不了這裡的一切，我愛你們。」台下一陣歡呼，於是，我跨出了我的第一步，這是一種喜悅，一種自我成長的喜悅。

在機場離別前，我們不斷的互相擁抱，不斷的祝福，英國選手克里斯難過的在一旁掉淚，是啊，也許以後再也見不到了，這裡都將變成永恆的回憶。和我很要好的第二名英國選手詹姆士畫了一張卡片送給我，上面是一隻中國龍，並和我說別難過，說我結婚時通知他一定會帶老婆來台灣找我玩啦，感性的我已經紅了眼眶，在這裡，我們永遠不說再見，我們說：「See you next race!」

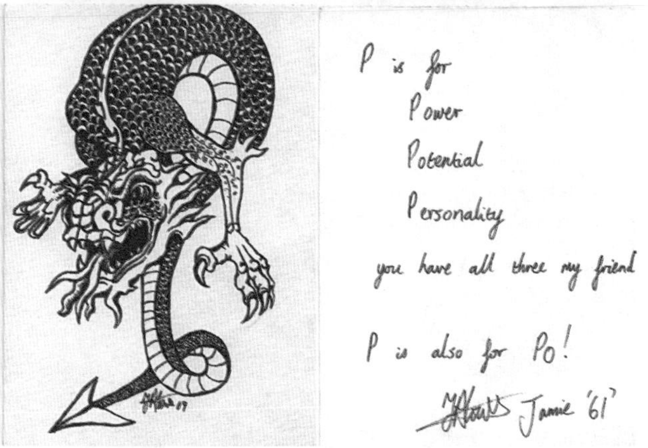
P is for
Power
Potential
Personality
you have all three my friend
P is also for Po!
Jamie '61'

英國選手詹姆士以我的名字創作一幅畫相贈，令我喜出望外。

6

世界最冷，北極點馬拉松賽

ATLAS

滑雪場特訓

試穿「冰爪鞋」，看完滿是英文的說明書後，第一步重心一個不穩，雙腳打結整個人往前跌個狗吃屎，正面撲倒讓我吃了滿嘴雪，瞬間鬥志熄滅，我在雪裡狂笑。

挫折，一定要有，並且越多越好，才能顯得夢想的價值在哪裡，就像拿鐵鎚釘木板一樣，每當受一次挫折就會被敲得更紮實，但是位置要準確，否則很容易偏離目標讓木板裂開，再受任何一次的打擊都會四分五裂。為了更穩固，必須靜下心全神貫注，考慮方向，然後，再下手，如果連敲都不敲，即使鐵釘再尖再硬，隨時隨地都會掉下來。

回到台灣後，我馬上繼續為接下來的比賽積極做準備，但好像有什麼事情讓我輾轉難眠，沒錯！想起去年因為繳不出報名費無法參加的北極點馬拉松比賽。從哪裡跌倒，就從哪裡站起來！我決定要為二〇一〇年四月的北極點馬拉松再戰！這次，打了近兩百通電話，重新製作目標更明確的簡報，再度回到睡眠不足的生活，一邊按表操課，一邊打贊助電話，但到了過年還是遲遲沒有任何消息。

大家正在放假睡懶覺，凌晨我正頂著下雨加寒流的天氣獨自外出訓練，每滴雨滴到肌膚上滑下來，就像是刀在割一樣，寒風無情的吹，不斷的阻撓著我想跨出去的每一步……不管颱風、下雨、烈陽，我一樣照著夢想的藍圖、節奏前進。

決心參賽的我用過年的紅包，還有自己所有的積蓄，再度低頭向朋友借幾萬元，先付了一半報名費：三十萬元，打開存摺只剩下一百六十五元，我破產了！這種無助與不安實在讓人害怕，但把自己逼入絕境，反而讓我激發出更多的動力，我一直相信我做得到，不曾猶豫過。之前失敗快一年，被掛了九十八通電話，我不是都熬過來了，這算什麼！我不斷激勵著自己，一方面獨自前往日本北海道自主訓練兩個禮拜。

這是我在訓練後，放鬆心情自娛娛人的「小作品」。

出發前得知中華民國脊椎矯正協會的謝宏宇醫師，提早我三天參加滑雪團到北海道，太巧了！地點也在札幌留壽都滑雪場，經費不足的我便厚著臉皮

前往北海道自主移地訓練，為參加北極點馬拉松做準備。

拜託他能否讓我睡房間地板，好省下三天的住宿錢，沒想到旅行社的領隊李永德大哥一口就爽快答應了。結果謝醫師把床讓給我，自己跑去和李大哥同睡，令我相當不好意思，也相當感激；參加的團員們知道我下個月將要到北極點比賽，都非常照顧我，「彥博，走！帶你去吃好料的！」大家知道為了比賽正在增胖的我，用餐券帶我一起去吃日式料理，讓我大補特補，在此，真的萬分感謝再感謝。

隔日早晨六點，窗外還飄著雪，鬧鐘還沒響我就已經睜開雙眼，自律的準備開始訓練，把從英國訂來、將近兩萬塊貴死人的「冰爪鞋」拿出來試穿，看完滿是英文的說明書後，「好，喔斯！開始吧！」鬥志高亢，結果才走第一步，重心一個不穩，雙腳打結整個人往

前跌個狗吃屎，正面撲倒讓我吃了滿嘴雪，瞬間鬥志熄滅，我在雪裡狂笑，「真糗！」還好沒有被人看見。接著我試著先在平穩的雪地上緩慢行走，等抓到重心後，才開始小慢跑，因為冰爪鞋的板子比較大，雙腳常常會卡住，就這樣我邊跑邊跌，邊跑邊跌將近一小時後，終於駕輕就熟，讓它乖乖聽話在我腳上。一整天到處摔得全身痠痛，晚上就去泡大眾湯溫泉，簡直是天堂般的享受。

謝醫師一行人返台前，把買來剩下的所有食物和飲料都給我，又幫我省了許多開銷，接著我住到留壽都兩公里旁的小民宿，一個晚上要臺幣一千八百元。選滑雪場做為訓練場地，主要因為坡度夠陡，可以鍛鍊肌耐力，雪質較鬆，更

皎潔月光下，獨坐雪地，我不禁迷惑：
到底夢想可以多虛幻，又可以多真實？

可以加強穿冰爪鞋的平衡感，滑雪場共有三座山三十七條滑雪道，用滑雪的方式探路後便出發。在滑雪場本該快樂自在的滑雪，看我穿著冰雪鞋上氣不接下氣的從樹林中跑上山，滑下去的日本人全都張大嘴看傻了眼，好奇的問我在幹嘛，「我從台灣來，下個月要去北極點比賽。」「ㄟ～なにこれは。（那是什麼？）」他們瞪大眼更不敢相信。五小時後我終於跑上山頂，但所謂上山容易下山難，急斜面三十三度的下坡幾乎是連滾帶爬，阿娘喂，隔天痠痛到全身骨頭都快散掉。

整座滑雪場的遊客都是來滑雪遊玩的，惟獨我是來訓練的。

我棲身的日式民宿。

幸福響鐘

家人們牽著手，數不清的情侶們相互擁抱，沉醉在這幸福感動的氛圍中。我也漸漸的被周遭的氣氛感染，走上前握緊繩子，並注入信念，雙手合十閉眼祈禱。對於愛情，我充滿期待，鐘聲噹噹響起，這是我的幸福響鐘。

為加強訓練量，剩下一個禮拜的時間，早上七點我坐火車到旭川，請人把所有行李寄送到距離五十七公里的美瑛，只背小裝備包用跑的過去，這樣我就會逼自己一定要到達，不得偷懶。長時間在外適應寒冷環境，接近下午當我喘吁吁的抵達民宿時，這時媽媽桑剛好出來看到我，便趕緊帶我進去取暖，並煮上一鍋熱呼呼的蔬菜雞肉湯給我吃，這也是我到達的動力，就是可以吃好料的！我太愛吃日本料理了！

美瑛是以農業為生的丘陵小鎮，夏季遠處的十勝連峰與廣大田園上的各種農作物，一望無際的美景，交織成如油畫般的景色，到了冬季就變成片片白雪，每一棵立定在雪上的樹木彷

民宿女主人為我特地料理的愛心蔬菜雞肉湯。

北海道著名的哲學之木。

佛都在思考、都在沉思，四季景象美得令人感動。

每天我都會打開電子信箱，希望看到贊助廠商的回信，但不是拒絕就是石沉大海，我大大的嘆口氣走出戶外，清澈無比的天空，讓月亮的光暈灑遍了整個丘陵，照耀著大地，夜晚顯得更加明亮。我坐在月光下，享受這一片寂靜、這一刻寧靜，但卻也感到寂寞，雖然微風陣陣飄來，這種孤單的心情籠罩了我一整晚，到睡著前一秒，我依然感受得到，如此強烈。

隔天下午跑到國立大雪山公園內的雲層峽，正好是冰瀑祭，我真是幸運！大雪山嚴寒的冬季，溪谷、瀑布都會結冰，並形成巨大的天然冰柱，他們將冰雕成巨大的城堡、隧道與各種建築物，就像大型的冰宮遊樂場。

休息後晚上我隨著人群走到橋下河川的廣場，飄著雪的夜晚放著花火，金色般的稻穗從天空灑下，七彩燈光的映照，呈現迷離浪漫的氣氛，「噹——噹——！」大家敲著上方藍色愛心鐘，一起雙

在民宿一家人親切的照料下，我備感溫暖，一解鄉愁。

手合十祈禱。接著家人們牽著手，數不清的情侶們相互擁抱，沉醉在這幸福感動的氛圍中。我也漸漸的被周遭的氣氛感染，走上前握緊繩子，並注入信念，雙手合十閉眼祈禱：「願家人平安，並希望與相愛兩年的女友擁有美好的感情。」對於愛情，我充滿期待，鐘聲噹噹響起，這是我的幸福響鐘。

獨自繞了北海道一小圈，到達東部水精靈的故鄉網走，沿路折返回來剛好過了一個禮拜，在朋友的介紹下我到北海道最大的運動用品店，採購台灣沒有的專業比賽裝備，瞬間就花了快九萬塊。因為在惡劣環境的極地，只要一個裝備不適合，很容易就鬧出人命，即使一件衣服要價上萬元，結帳時心彷彿在淌血，也還是得買。

結了帳，提著商品，心緒逐漸下沉。怎麼辦？萬一最後還是找不到贊助，就向銀行借錢去比賽吧，此刻我已經有了最壞的打算。

在北海道旭川動物園親見國王企鵝，我告訴自己：有一天我也要挑戰南極！

距離比賽日期四月七日不到一個月，日子一天一天逼近，主辦單位來信詢問，我開始惶恐，像有幾百公斤的壓力壓在我身上，沉重得幾乎喘不過氣，加上第六感有不安的預感讓我在夜晚頻頻做噩夢驚醒，我頭痛欲裂，這些日子，好痛苦、好難熬。

在北海道準備回台灣的最後一天：三月四日，晚上安靜的待在旅館，我再次打開email，有信件！歐舒丹法國總公司願意繼續支持！太好了！終於不用再為報名費煩惱。「YES!」對天空連續幾聲大喊後，用力嘆氣，我癱坐在床上，熬過來了，終於，終於讓我熬過來了，這晚，我睡得特別安穩。

回台後，陸陸續續也收到好消息：偉盟國際（The North Face）提供營養金與裝備的贊助，接著，我參加的KEEP WALKING夢想資助計畫通過最後決選！

1敲下幸福的響鐘。

2冰瀑季的花火。

3在冰柱下，誓言挑戰北極點馬拉松賽。

零下20度冰庫裡的小小夢想

當你全心全意專注於你的夢想時，自然而然周遭被你所感動的人都會默默幫助你，但是如果連你自己都感動不了，你用什麼去感動別人。

回到台灣的當天夜晚，女友突然與我分手，面對突如其來的打擊，我幾乎每晚心痛難過得徹夜失眠，情感頓時失去依靠，我試著堅強，試著當做什麼事都沒發生，但是我做不到。剩不到一個月就要去比賽，每晚夜深人靜時不斷頭痛欲裂，我試著讓自己沉靜下來，把所有思緒都轉移到忙碌的準備與訓練上，好讓我不再多想，我試著不斷欺騙自己。

原本一月就已報名截止，但經過我的萬分拜託，主辦單位終於讓我延後付報名費。四月一日就要出發，我在前兩個禮拜才把最後的三十萬交付給主辦單位，這種壓力實在太恐怖，簡直刺激到破表。

北緯二十三度，正值盛夏的台灣，站著都會噴汗，和冷到發抖的北極可是天壤之別，在北海道時最冷只有零下八度，每天都晴空萬里，為了模擬零下接近三十度的北極點環

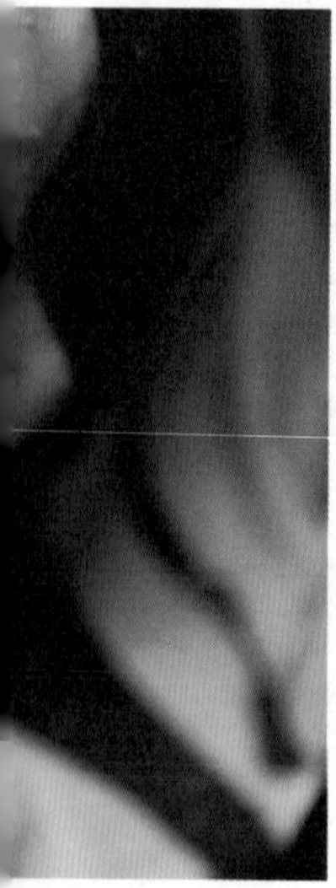

入賣場的冰庫裡模擬訓練（右為結冰的汗水）。

境，在經費與時間有限的情況下，我想到用最簡單的方式，開始尋求各個大賣場借冰庫來訓練。

「什麼！你要在冰庫裡面跑步！做什麼！什麼比賽？」

「在裡面跑步幹嘛？怎麼不出國訓練就好？沒有辦法借你喔！」

碰得一鼻子灰，經過一番波折後，最後終於獲得大賣場業者大潤發的同意，將飛輪機搬進冷凍庫裡訓練三天。有人好奇的問我怎麼不用跑步機，我有測試過，電子晶片板在零下二十度全部當掉了。

岱宇國際的陳協理熱情的提供飛輪機讓我使用，我全副武裝的進到冰庫裡，將飛輪與彈力袋組成循環訓練，鍛鍊肌力與對冷空氣的心肺能力。第一天有幾家媒體來採訪，隔天某家報紙頭版大幅報導，當天早上八點訓練回來，手機響不停，看了差點沒有嚇死我，有兩百多通未接來電，真的兩百多通。我傻傻的趕快一一回覆，花了三小時沒吃飯也快累垮了，下午到賣場準備訓練，電梯門一打開，好多記者與九台攝影機馬上轉向我，當場傻了眼，愣了三秒才敢走出去，還邊講邊發抖，原以為第一天接受採訪後就可以專心練習，

把飛輪機搬進冰庫，以鍛鍊冷空氣下的心肺功能。

怎料頭版後作力之強大，之前石沉大海的贊助消息，馬上都回信給我，電話不斷，但我已擁有足夠的經費了。

前一天被幾家媒體追著跑，因壓力倍增而失眠一晚，我睡眼惺忪認真回應第二天更多的麥克風，重新把兩大包裝備全都拿出來展示。失眠加上壓力，第二天的訓練狀況不如第一天順利。開始練習沒多久，我喘得有點不舒服，而且頭痛得更厲害。不過我卻認為，這是好事，因為到了北極，身體一定會有狀況，如果能先遇上，就有機會適應，才知道怎麼解決。

最後一天我練得特別久，只有三盞電燈五坪大的冰庫，裡面卻滿載著夢想，這股強烈追求夢想的力量彷彿可以把冰庫融化，只剩下我一個人，空調裡不斷吹送出攝氏零下二十度寒冷的強風，我奮力採著飛輪，喘氣的聲音在冰庫裡產生小小的回音，米白色的牆壁，慢慢的變成白雪，藉由意象訓練，全身的感官已經進入北極世界，我相信我所做的一切，我一定會做到。

快虛脫的走出來後，「彥博，練完啦，辛苦了！來來來！快來補一下！」默真姐、課長及其他夥伴，知道我在增胖，但因壓力大而胖不起來，他們熱情的在外面煎最高級的美國安格斯牛肉與澳洲黑牛給我吃，「這是我們能為翻開日報，我竟成為頭版頭條新聞人物，壓力隨之暴增。

A1 頭條 二〇一〇年三月二十三日 星期二 農曆庚寅年二月初八日

《蘋果》搶先報 http://www.appledaily.com/Rnews

陳彥博 簽生死狀

挑戰-37°C

北極馬拉松追夢

陳彥博 小檔案

年齡	23歲（1986年6月10日生）
身高	172公分　體重 64公斤
學歷	國立體育大學教練研究所1年級
興趣	長跑、溜冰、圖片設計、剪接
婚姻	未婚，無女友
重要成績	►2005年日本福岡馬拉松冠軍 ►2008年北極大挑戰600公里第3名（隊友林義傑、劉柏園） ►2009年喜馬拉雅山160公里分站超馬賽第4名

資料來源：陳彥博

▶陳彥博昨在大潤發冷凍庫騎飛輪，加強心肺功能訓練。林啟章攝

長征北極7利器

單位：台幣
資料來源：《蘋果》採訪整理

- 雪鏡（護目鏡） 約2萬3000元　抗紫外線、反射強光
- 極地雪帽 約3000元　狐狸毛，抗寒，預防凍傷
- 保暖手套 約2350元　儲存熱能
- 防水透氣抗寒外套　防水、防雪、透氣、保暖　約2萬元
- 冰爪鞋　約2萬元　在雪地行走抓地力夠強
- 防雪鞋套　約3000元　防水、防雪（必要時先在球鞋外裝防雪鞋套，再裝冰爪鞋）
- 極地低溫Inferno睡袋　羽絨填充物，約3萬元　附夜光拉鍊

總價10萬1350元

【黃瑋仁／台北報導】國立體育大學研究生陳彥博為實現夢想，不惜簽下生死狀，頂著-37℃的超低溫、挑戰全世界最嚴酷的北極馬拉松。為了圓夢，他除了到日本北海道進行低溫適應練習，也進大賣場的生鮮肉品冷凍庫內鍛練體能。陳彥博將於下月1日踏上極地長征，搭機飛往北極，誓言要成為第一位完成「北極馬拉松」的台灣選手。

現年23歲的陳彥博堅定地說：「夢想就像藏寶圖，需要自己去拿鑰匙打開！」為適應北極酷寒，他昨起在台北市大潤發內湖二館冷凍庫展開3天模擬低溫訓練。

下月7日將開跑

在大潤發冷凍庫約兩坪空間裡，是一般人無法待上5分鐘的-20℃低溫，陳彥博為加強訓練心肺功能和肌耐力，著極地裝練習飛輪、彈力繩運動，約90分鐘練習結束後，他氣喘吁吁地說：「好冷，頭部暈眩。」此刻飛輪上零件早已結冰，電子螢幕也起了霧，陳彥博卻是一副為了圓夢，再苦也值得的表情。

「北極馬拉松」於2002年創辦，過去有30國163名選手順利完賽，今年比賽於下月7日開跑，地點位於北極圈北緯89度附近、漂浮北極海的挪威巴尼歐（Barneo）冰島，選手單日將在島上進行10圈繞圈賽，總距離42.195公里，當地氣溫約-37℃，選手和大會人員要從史瓦爾巴德（Svalbard）群島的史華茲柏根（Spitzbergen）搭乘小飛機前往該漂浮冰島。

參賽選手要自備禦寒衣物，冰爪鞋和抗寒睡袋，為了抗寒，陳彥博特別準備熱巧克力和高蛋白營養品補充熱量，由於該島雪地高低起伏大，又有暴風雪吹襲，加上有兇猛的北極熊出沒，且大會只設置一個飲水補給站，選手上路後一切要靠自己，所以選手在網路參賽報名時要先簽署「生死狀」，到比賽現場再簽一份正式「生死狀」，選手若遇上意外事故，大會一概不負責任，讓比賽危險度更高，但大會會安排直升機在高空監控選手安全。

拼完賽搶進前三

歐美媒體相當關注這項賽事，史華茲柏根附近旅館全部爆滿，讓預算有限的陳彥博大失血，只能訂到一晚折合1萬2000元台幣的旅館，這次北極馬拉松有10國25名選手參賽，陳彥博是唯一台灣選手，大會官網也特別放上中華民國國旗及他的簡介，陳彥博正常馬拉松成績約2小時30分，他預計在惡劣天候之下，能夠在4小時內完賽，他堅定地說：「鎖定目標前三！」

陳彥博2年前曾和林義傑、劉柏園一起參加「北極大挑戰」，獲得第3名，過程還錄製成《征服北極》紀錄片在電影院線放映，當時他的父母極力勸他退出，雙方堅持己見，彼此不說話，他說：「其後在加拿大接到媽媽傳來的簡訊，才化解冷戰，我的『革命』成功啦！」那次他也留下永生難忘的經驗，一頭北極熊半夜割破帳篷，團員被嚇醒，慌忙拿獵槍自衛逃過一劫，昨他說：「這一次，父母叮嚀我務必小心安全。」

陳彥博此次極地長征報名費高達60萬元，加上旅費約45萬元，總經費約105萬元，幸好有三家廠商贊助經費幫他圓夢，他下月1日出發，從台北飛荷蘭阿姆斯特丹，轉機挪威奧斯陸，再飛到集合地點史華茲柏根，約4天航程，所有選手要進行2天適應訓練和1天講習課，下月7日正式進行馬拉松，預定14日返台。

目標征服七大洲

陳彥博目前就讀國立體育大學研究所一年級，他說：「我是為夢想跑！」他從小是競速滑冰選手，在…時期轉練長跑，接受潘瑞根教練指…和「超馬英雄」林義傑成同門師兄…

去年10月陳彥博代表台灣參賽…馬拉雅山160公里分站超馬賽」，…後，讓他興起挑戰「北極馬拉松」的…頭，他預定今年12月前往南極，挑戰…難度的南極馬拉松，最終要完成亞洲、美洲、歐洲、非洲、大洋洲、北極、…極等全球七大洲馬拉松滿貫目標。

北極馬拉松位置

陳彥博須先到挪威的史瓦爾巴德（Svalbard）群島…

抗酷寒 醫師：先加強心肺功能

你做的，要加油喔。」這種感動，這份感謝，我永遠無法忘記，這也是我的力量來源。

後來從大賣場員工那得知默真姐為了要將冰庫借給我訓練，飽受上司不少的壓力，因為如果發生了任何危險，沒有人可以負責的。但默真姐的一句話：「無論如何，我一定要支持他！」讓我心中滿是感謝。而台中明道中學的學生寫了很多加油卡片寄給我，收到這麼多支持與鼓勵，讓我有更多力量撐下去！

出發前兩個禮拜，請朋友從國外訂的特殊鞋款因故遲遲未送抵台灣，打電話追查下落，終於在出發前五天收到，卸下我心中的大石。每天快一百通的電話，讓我有點躁鬱症，聽到手機的聲音都會害怕，加上研究所上課、訓練、做企劃書、唸英文、訂國外裝備、簽證、處理機票、與國外聯繫、旅館

上、曾經聽我演講的學生寫了加油卡片，特地裝瓶，以便我帶到北極。

下、默真姐特贈雞精為我補身。

一度客滿訂不到……這些所有事情全都得自己一個人處理，忙到每天只睡四小時。好幾次，好幾次累到張不開眼睛，我常常冒冷汗、緊張失眠、情緒緊繃，甚至壓力大到胃痛，一度累倒緊急赴醫掛急診，一個人躺在病床上打營養針，才能好好的睡上一覺。隔天，繼續硬撐著咬牙訓練，好累，好無助，好孤單。下課回台北的路上，開車開到一半，我難過得哭了出來，好累，在台灣當選手真的好累，身體，情緒都已經到極限了。

但，我告訴自己，這才是成長，不是嗎？只要能忍受身體的痛苦，不斷的抗衡它，每一步，每一口喘氣，每一公里，我們都會離夢想，越來越近，不是嗎？

慢慢的，我懂了一個道理，當你全心全意專注於你的夢想時，自然而然周遭被你所感動的人都會默默幫助你，但是如果連你自己都感動不了，你用什麼去感動別人？

朋友們稍來祝福卡片。

世界最北的城鎮

當北極永夜時，大地被黑夜籠罩，四個月內黎明不會來，北極城鎮內將會出現吸血鬼吃人的恐怖情節。

連續兩年潘瑞根老師聽到我要去喜馬拉雅山和北極點比賽，都冷漠以對，岔開話題，試著摧毀我的計畫。這次我出發前，潘老師終於投降了，我回到成淵高中找潘老師訓練，希望獲得一些心理上的依靠，可以讓我更肯定的出發。

潘老師陪著我從成淵高中慢跑到大直橋折返，這是我們高中常跑的路線，一路上無所不聊，潘老師聊起我高中時的樣子、我們每一天的生活趣事，三年奮鬥的情緒是如此明顯。晚餐時潘老師點了滿滿的一桌菜，我與潘老師講到自己所做的準備，難過的說有時很無助也很累，潘老師按著我的肩膀說：「不要哭，這樣會讓老師更牽掛。」接著老師說：「開動吧！」把氣氛轉移。潘老師刻意營造記憶，為了是希望在我遇到困難時，會想起離台前，老師陪著我跑。

來到機場，手提三大袋的行李，我已經仔細清點好幾次，裝備、急救藥品、支氣管擴張劑、補給包、頭燈、電池、過境住宿地址、小刀……等，這回，可沒有兩位老大哥的照顧，而是要自己一人到北極，而且是比上次緯度還要在高，北緯九十度的北極點。

與父母及送行的海倫姐道別後，忐忑的心中便明白，因為花太多時間找贊助與處理太多瑣碎事情，賽前的訓練只做了百分之七十五，我不得不為自己緊張。上了飛機手機關機後，終於才得以好好休息，而為了讓自己有多一點體脂肪，我還買了蛋塔、漢堡和奶昔在機上狂嗑。夜半兩點在曼谷機場轉機時，約有五十位要去泰國旅遊的台灣人認出我，便和我合照與打氣，讓夜晚冷清的機場注入了一股動力，這是我此行最後一次遇到台灣人，滿是親切與感激。

數度於出發前清點行李與裝備，竟重達五十八公斤。

飛到阿姆斯特丹轉機到挪威奧斯陸休息兩天，奧斯陸是世界消費最貴的國家，火車站一出來，眼前兩排全是賓士計程車，嚇我一跳，坐二十分鐘就要近臺幣一千元，為了節省開銷，我在零下兩度下雪的夜晚，一個人拖著四十五公斤的三大袋行李，從車站穿越偏僻的大街小巷，不時還有人尾隨在我身後，我超害怕被搶，如果裝備不見代誌就大條了。狼狽的趕緊連跑帶拖到達港口旁便宜的旅館。在這裡隨便吃上一餐就要台幣八百元，實在吃不消，出國時我常以麥當勞或漢堡王解決三餐，但在這卻也要台幣三百多元，消費真是高得嚇人。而後再飛到史瓦爾巴德群島 (Svalbard)，中途還會停留一次才會到達朗伊爾城（Longyearbyen 直譯長年之城），先待上三天上課與適應環境，再飛到北緯八十九度的巴尼歐 (Berano) 流冰島比賽，總共飛了五天，腰都快斷了，聽到這，大家應該頭都暈了吧。

北極圈在北緯六十六點三四度以內，遍佈七個國家，這是我第二次進入北極圈內，這趟旅途最特別之處，就是在飛往朗伊爾城途中，會在永凍的山與河口裡低空穿梭飛過，飛機不時左搖右晃神龍擺尾，視覺的震撼力與緊張的

即使是轉機，也要利用空檔在奧斯陸練跑，適應氣候。

出國比賽用餐，我總是孤單一人。

刺激感，讓機上每一位旅客都抓緊座椅上的扶把驚呼著往窗外看，不想錯過每分每秒，這裡是地球最北的城市，北緯七十八度的朗伊爾城，這裡也有世界最北的機場、世界最北的報紙、世界最北的郵局、世界最北的大學、世界最北的超商、世界最北的加油站……等多項世界紀錄，你想得到的都有，日常生活中平凡無奇的東西，在這裡都因為「世界最北」的稱號而特別起來呢。

一九五二年由荷蘭航海家發現此地，慢慢的變成捕鯨重鎮，接著開發出煤礦，至今礦業是朗伊爾城最主要的產業之一，它也稱為最北煤都，半數的居民都是以採礦為業，在零下二十幾度的工作環境，可見有多艱辛。要前往一千公里遠的北極點只能從這裡出發，大家又稱這裡為「北極的大門」。從機場搭車十分鐘車程約新台幣兩百五十元就可抵達僅有的三家旅館，偏偏便宜的全部都客滿，我只能訂到最貴的拉迪森薩斯極地酒店（Radisson SAS Polar Hotel），要挪威幣一千七百九十元，折合新台幣約一萬塊，窮光蛋的我簡直快吐血。

當地居民說這裡的北極熊比人還多，在外的北極熊約有三千頭，而當地人口只有兩千一百多人，飢餓難耐與年幼無知的北極熊有時會闖入城市，甚至曾經在教堂、機場外都有北極熊攻擊人致死的事件，擊斃北極熊解剖後發現，北極熊的肚子裡空無一物，至少長達半年沒有吃東西，推估與氣候暖化縮短北極熊覓食的時間有關。這裡的居民出門都帶著槍，上大學首日就得學習射擊，防衛武器遊客可買可租借，但為的不是要獵殺北極熊，而是嚇跑牠。在都市的道路上我們常常見到前有測速照相的標示，而在這裡，則是標示「前有北極熊」。

這裡只有一條街，四家餐廳、三家酒吧、幾家裝備店以及超市，居民主要都在此活動，房子建造都必須離地一至兩公尺，以鋼筋凌空支撐，為了是避免屋子裡的暖氣外流時，讓底下的永凍冰融化造成屋子傾斜，因此這裡所見到的房子都是建得高高的，還可見到一些在二次世界大戰被德軍佔領的地基與歷史。門口停的不是汽車，而是雪上摩托車，是這裡最頻繁的交通工具。這裡的警察局只有四個人，而讓我最驚訝的是，這裡犯過最嚴重的罪行，竟然是偷腳踏車而已！

我提早一天抵達以便熟悉環境，走到飯店前的冰河想去看結冰的情形，我沿著冰河走，右前方有一個小洞，一旁

北極冰原蒼茫一片，飛機降落時，需憑此標示柱來辨別方位。

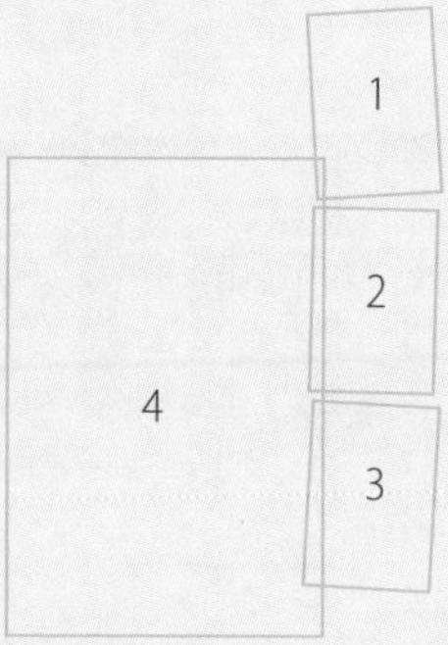

1全世界最北的加油站，油料使用者的大宗為雪上摩托車而非汽車。

2這裡是雪橇犬馳騁的國度。

3北極熊出沒，小心。

4賽前裝備調整，蓄勢待發。

有三個小黑點，仔細一看是海豹！我第一次看到野生的海豹，躺著模樣好可愛，赫然間，船上跳下兩個人手持鐵棍，三隻海豹見苗頭不對，才要跳下冰河卻已來不及，獵捕者衝過去毫不猶豫的用力揮舞著鐵棍，不斷往海豹頭上重擊下去，因為相隔一段距離我沒有聽到聲音，但打每一下在我大腦裡的聲音卻是如此強烈，海豹不斷掙扎，用盡力氣想活下來，濺血，然後被拖走，留在潔白的冰河上，只剩下一攤攤血跡，我愣在原地，不知道該做什麼，也無法做什麼，這是我生平第一回看見海豹，卻也是第一次親眼目睹海豹在我眼前被殺。

說來諷刺，一年約有二十八萬頭海豹被獵殺，台灣卻是世界進口海狗油前四名的國家，過去至今已經進口四十三萬噸，統計約有十二萬頭被殘酷殺害，我們生活在安然無恙的都市，用的、吃的東西，對外面的世界卻渾然不知，我們迷惘，迷惘在自己創造的世界裡，除非到第一線親身經歷感受，否則我們永遠不知道這世界發生什麼事。

電影《惡夜30》裡，當北極永夜時，大地被黑夜籠罩，四個月內黎明不會來，北極城鎮內將會出現吸血鬼吃人的恐怖情節，有一位好友特別在我出發前拿此片給我看，看完後他開心的和我說：「這是你要去的城鎮耶。」真不知道是該開心還是難過。結果到了朗伊爾城，所有場景都一樣，老實說，每當晚上十點多太陽才西下，這刮著風雪的無人街真有種令人不寒而慄之感。

SOL
PAULINE

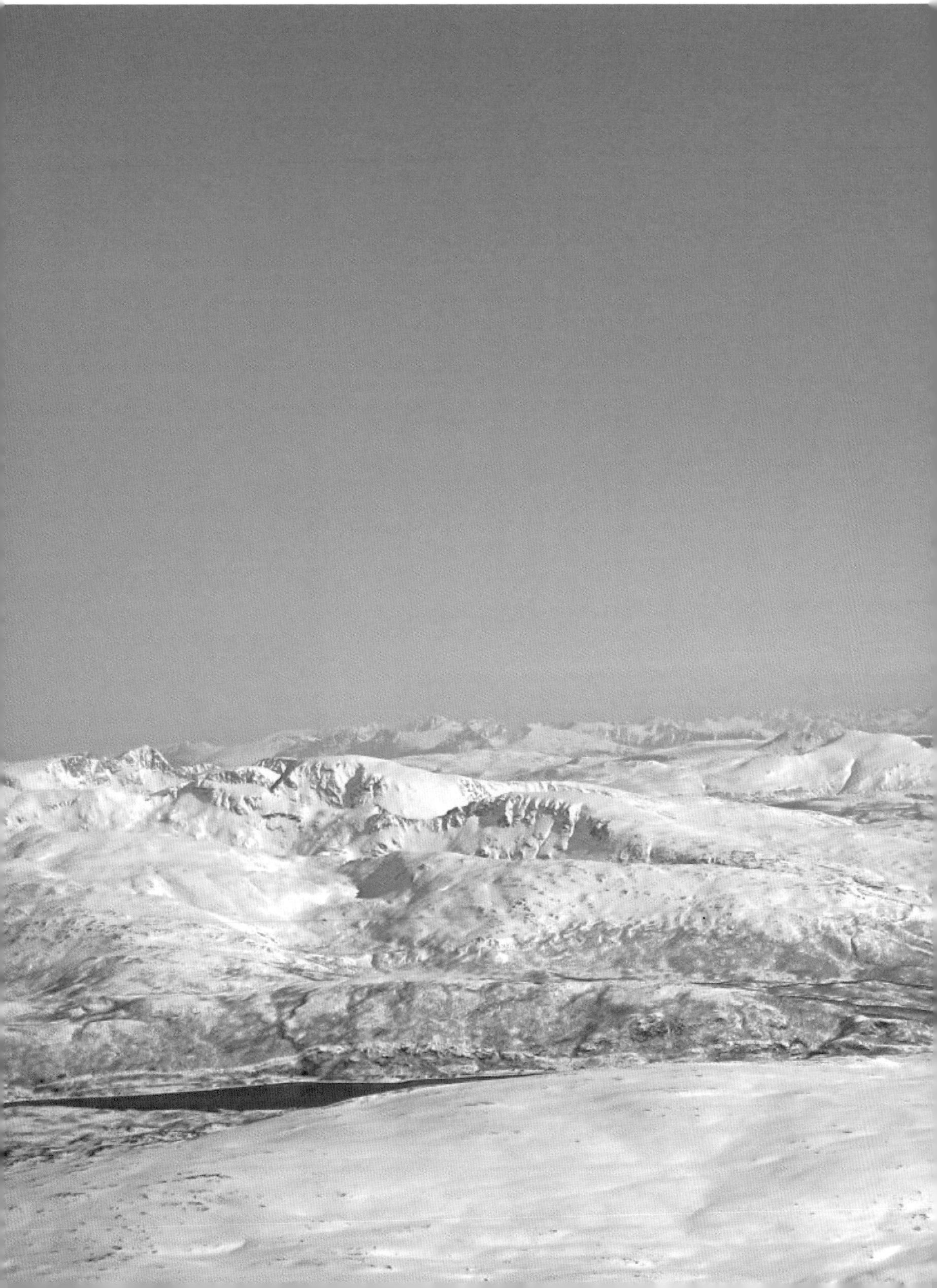

生死狀

好不容易到這了，做了那麼多的準備，我相信一定可以成功挑戰完成。這張生死切結書在每一位選手簽下自己的姓名後，大家背後都有為何非來不可的解釋，「Do something amazing!」

「Tommy! 你流鼻血了！」英國選手里克驚訝的看著我說，哎呀！可別誤會，我可不是在北極看到比基尼辣妹，而是與其他選手在戶外慢跑調整裝備時，因為空氣太冰冷、太乾燥，打噴嚏或是擦鼻水就會讓鼻子內的微血管破裂，這是很正常的事情。各國選手各個身材魁梧、壯碩，滿臉銳氣，而且經歷都非常嚇人，有人參加過最難的橫越沙漠六百六十六公里的比賽、挑戰了四千九百三十五公里的南極大挑戰、參加過世界一百場馬拉松，也有極地探險家……等好手，而唯一來自亞洲國家，年紀最小又菜鳥的我，在裡面簡直像隻小小雞，不！應該是弱雞。

我們在教室上一整天的生存課與比賽規則，記得在二〇〇八年接受挪威官方訓練時，那時因為聽不懂英文而自責難過不已，現在卻能自己慢慢翻譯出來，並做簡單的提問與溝通，這是種喜悅，自我成長的喜悅。

出發前一晚全部的選手都必須繳交護照並簽下生死切結書，如果你不簽的話就無法參加比賽，因為這種比賽的風險相當高，任何事情都有可能發生，危險的不是人，而是未知的大自然環境。我用盡腦力的把生死切結書慢慢看完，白紙黑字寫得非常清楚：「自身願意放棄任何一切法律責任。」如果有任何狀況在北極點死亡、飛機失事、凍傷截肢、掉入北極海、暴風雪、北極熊攻擊……等事件旁一一簽上「I agreement」（我同意。）下筆時很沉重，老實說，我會緊張，真的會！甚至可以聽到心臟不安碰咚的撞擊聲。我偷偷看其他選手的表情，有些人是百感交集，有些人則是毫不猶豫的順筆簽下，坐在一旁的西班牙選手路易斯和我說：「Tommy，你準備好了嗎？」「好了，不然我們怎麼會一起在這呢。」我肯定的回答。下方的緊急聯絡人，我在爸媽不知情的狀況下，提筆寫下爸爸的名字與聯絡

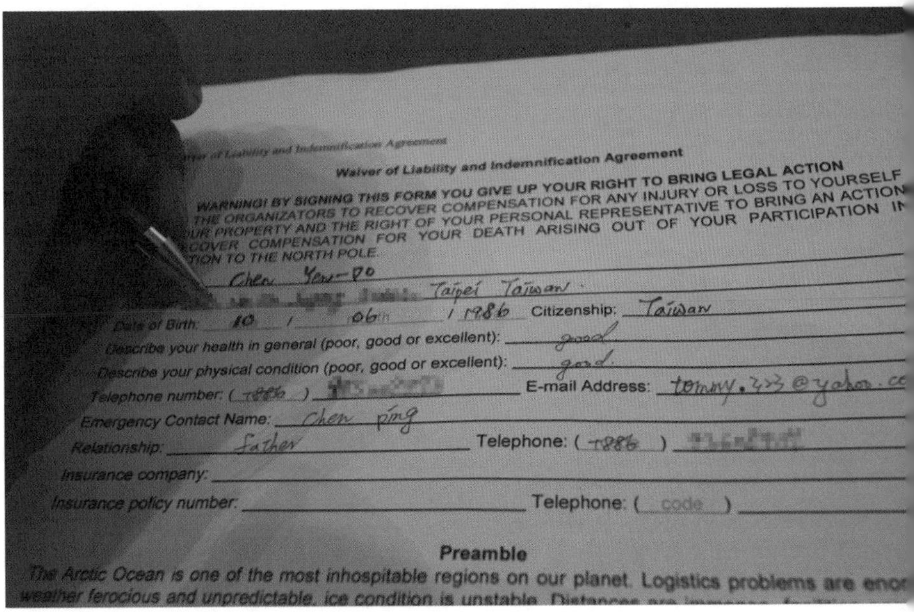

右、領取金氏世界紀錄「世界最冷的馬拉松賽」號碼布，我是六號。

左、親筆簽下生死狀，握筆的手戰戰兢兢。

出發前與選手齊聚一堂合影留念。

電話，寫到一半我看著切結書，停筆三秒，心裡不禁為之一沉，如果不小心發生任何意外，想到爸媽知道後難過與不捨的臉孔，我一度有點難過。呸呸呸，真是烏鴉嘴。好不容易到這了，做了那麼多的準備，我相信一定可以成功挑戰完成。這張生死切結書在每一位選手簽下自己的姓名後，大家背後都有為何非來不可的解釋，「Do something amazing！」

窗外溫度計顯示攝氏零下十三度，躺在溫暖的床上睡覺真是享受，突然電話聲響起打擾了美夢，主辦人理查打電話說：「早上有暴風雪要來，原定九點起飛的飛機將要延後，請在房內等候通知。」好吧，我和同房的英國選手里克繼續躲進棉被睡回籠覺。等到十點，電話聲再度響起，「天候比較好了，十五分鐘內全部選手到大門口集合，我們馬上出發到機場準備起飛。」我和里克從床上跳起來，馬上整理所有的東西衝出門，每個人都像打仗一樣，裝備打包好十分鐘內都到大門口了。

我們從北緯七十八度的朗伊爾城飛到八十九度的巴尼歐（Barneo）漂浮冰島上，其實也不能說是島，而是全部都結冰的北極海！距離地球最高的北極點只差一度，一般航空路線根本不會降落在那，我們是包機前往，搭的是烏克蘭航空科學聯合中心研發的安托諾夫七四型運輸機（Antonov），極為少見，兩個引擎是裝在機翼之上，吹出的氣流會在機翼表面流過，利用柯恩達效應（Conada effect）產生大量額外的升力，具有短場起降的特性，不到四百五十公尺就可以起飛，專門在極地雪地與沙漠中使用。搭這飛機沒有空橋，而是直接走到外面雪地的跑道上。後來才知道，一九九七年這款飛機曾來台灣參加台北國際航太展，那時上了國內各大媒體，轟動一時，一架一千兩百萬美元，約新台幣三億六千萬元。

飛機裡頭相當小，座位只有三十五個，並與貨倉連在一起，飛行兩個半小時就會抵達巴尼歐，我從來沒有暈機過，但這次降落前遇到大亂流，我趕緊拉好安全帶，上下劇烈搖晃到連屁股都會飛離椅子，再碰一聲坐下，每個人都瞪大雙眼看著對方，亂流長達將近二十分鐘，

安托諾夫七四型運輸機專供極地與沙漠使用，曾飛來台灣展出。

1北極點與世界重要都會的距離標牌，獨缺台灣。

2飛往世界最北端的機票。

3世界最北的正副駕駛。

4有六支探險隊正步行前往北極點的途中，圖為各隊經緯度座標。

5運輸機準備起飛，夢想啟航。

2

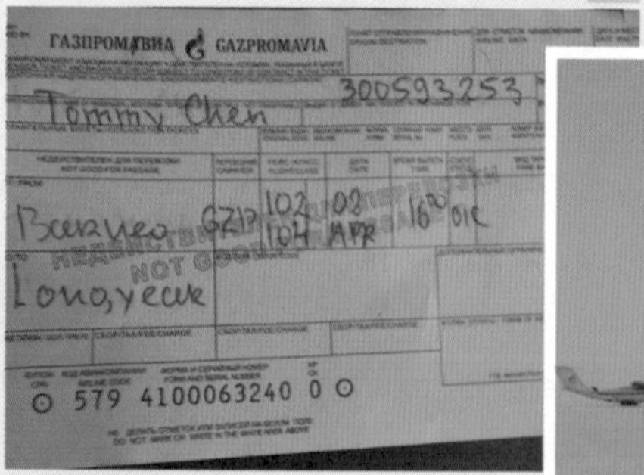

1

5

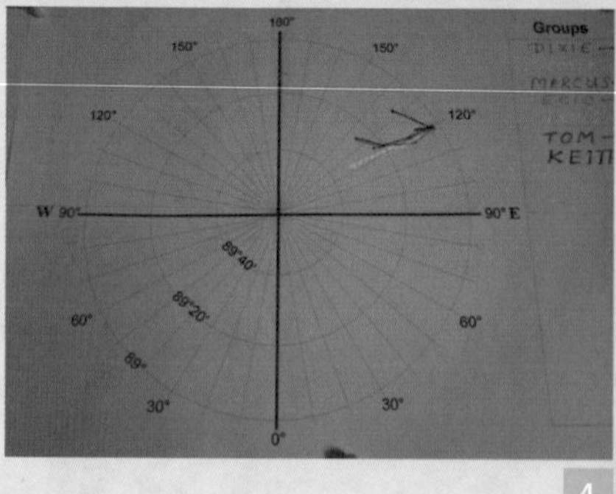

4

3

6從機腹卸下行李。

7強風迎面痛擊，沒預料氣候如此酷寒。

8分配營帳名單。

9整片冰原就是停機坪。

6

7

9

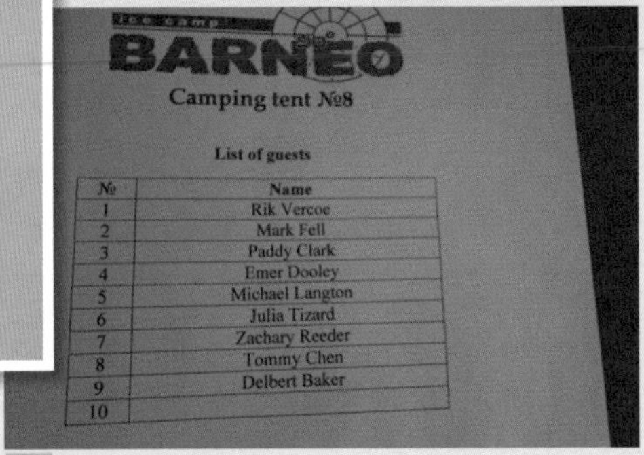

Ice camp
BARNEO
Camping tent №8

List of guests

№	Name
1	Rik Vercoe
2	Mark Fell
3	Paddy Clark
4	Emer Dooley
5	Michael Langton
6	Julia Tizard
7	Zachary Reeder
8	Tommy Chen
9	Delbert Baker
10	

8

北極熊是此比賽的隱憂，我們無一不戒慎恐懼。

頭暈到我還差點吐出來，真是有夠刺激，沒想到我真的獨自一人前往。當飛機著陸的那一刻，我的心情是相當激動的，後方的貨艙門慢慢打開時，聽到外頭強烈的風聲，「嘩——！嘩——！」冰凍的空氣與風雪隨之灌了進來，氣溫低到在機艙內講話就會吐霧，「我的天！這是哪裡！」我喃喃自語，有點不敢相信在機內所看出去的場景，強風夾帶著風雪不斷吹襲，白茫茫一片，我們降落在冰上！沒有任何跑道！一下機，臉馬上被打得很痛，我可不是被呼巴掌，而是寒冷的風，地上的雪被強風吹起來形成一道長長的雪霧，翩翩起舞，看起來就像是有自己的生命力一樣。全部的人都直接衝進帳篷內，一分鐘也不想多待，實在是冷到身體都發冷僵硬，連感覺神經都傳遞得相當慢，心裡馬上想著，如果每天都是這種天氣，我可以撐過去嗎？

我將媽媽去廟裡求來的平安符一一送給各國選手。

斷訊的衛星電話

隨風飄起的雪花，帶著許多思念與想念，隨著回憶到達了遙遠的一方，最後一通電話，我打給剛分手的女朋友，好希望再聽到她的聲音，但，這是一通，永遠沒有人接的電話……

俄羅斯北極國際科學基地營 (Ice Camp)，也是個探險大本營，來自各國的冒險家用越野滑雪或是拉雪橇狗的方式前往北極點。最大的帳篷是中間的餐廳，也兼資訊中心，簡單的幾個帳篷，共有三十位高度專業科學研究人員兼工作人員，與二十五位瘋狂的選手。我們一進到帳篷內馬上再講一次安全須知，因為在一片無際的白雪上，一千公里的範圍，只有我們七十五個人，如果亂走踩到冰河裂縫、或是飛機降落時誤闖跑道、或是被飢餓的北極熊盯上，儘管扯破喉嚨大喊真的會叫天天不應，叫地地不靈。這兒全都是靠柴油發電機來發電，供應著所有的電子儀器設備，每兩個帳篷共用一個暖器爐，讓帳篷內可以維持溫度在十二度，我們就住在裡頭，而且還有軍用的彈簧床可以睡，與二〇〇八年磁北極的比賽要自己搭帳篷、煮水、煮飯、睡在零下九度結冰的睡袋裡相比，這真的是豪華級的享受了。

右、空中俯瞰俄羅斯科學研究站。
左、選手將在研究站暫棲四天，以便上課受訓與實際比賽。

為了不造成污染，所有的東西都不能留在這，包括排泄物，都必須運回朗依爾城處理，許多長方形的冰塊疊成一個防風牆，擺上一個切開的油桶，就是男生的小便池了，女生則是在移動式廁所內。這時另一架飛機著陸，是來自中國張大哥的旅遊團隊，他們從奧斯陸一路過來，也都喜歡往大自然跑，看到也是亞洲人的我開心前來問好，得知我是來參加北極點馬拉松比賽他嚇了一跳：「小夥子，打不打緊啊！你真的來參加馬拉松賽，真是太瘋狂了！」我說我是自己一個人過來的，他們更傻了，紛紛比出大拇指說我是全華人第一位參加的，可要好好表現一下啊。

在這裡不管你是誰，全部都一視同仁，因為食物有限，每個人都限定只能拿一盤食物，簡單的白飯淋上雞肉醬，配上幾個豆子就是一餐了，幾乎沒有辦法吃飽。我從台灣帶過來的七包泡麵終於可以派上用場，真是懷念家鄉味。於是每餐泡一包，一打開，整個香味飄出來瀰漫在帳篷裡，讓其他選手理智線瞬間崩潰大喊，「Tommy! No!」羅馬尼亞選手安德烈笑嘻嘻的跑來問我：「Tommy，你在吃什麼啊？」我說：「Chinese best food!」安德烈挑眉的和我說：「還有多的嗎？我可不可以拿巧

克力和你換。」「我帶不夠耶，不然我給你喝一口湯。」安德烈高興的順手接過去喝了一大口，滿臉露出幸福的表情說著：「這真是太讚了！我愛台灣食物！」其他選手紛紛圍過來，慘了，瞬間只剩下一點點。大家開始好奇我肩上的國旗是哪裡、台灣有什麼小吃，我又做了最好的國民外交，他們沒想到小小的國家有選手來參賽。在北極，即使東西掉到地上也會撿起來吃，你會開始懂得珍惜一切，重新學習什麼是生活、重新審視你的人生。

夜晚十二點，大家在床上翻來覆去都睡不著，原來是永晝的北極打亂了大家的生理時鐘，睡在我左邊的愛爾蘭選手杜利轉過來問我說：「Tommy，現在是早上還是晚上？今天幾號啊？」這也難怪，帳篷上的陽光永遠都是亮的，一睡起來都不知道是什麼時候。北極四月至八月為永晝，十月至二月為永夜，儘管有美麗的雪景

純種的愛斯基摩犬不畏暴風雪，生命力強韌。

陪襯，科學研究人員都必須忍受非同尋常的寂寞。永夜對人體的生理與心理是嚴峻的考驗，尤其是完全永夜期，黑暗籠罩了一切，永遠沒有陽光，人們飽受失眠、憂鬱、性需求與生理時鐘錯亂等煎熬，甚至有人因憂鬱症而自殺。

常駐北極點的科學研究人員必須忍受永晝與永夜的生理考驗，還有非同尋常的寂寞。

我在迷迷茫茫下睡著，直到聽到很大的風聲席捲而來吹打著帳篷，「啪！啪！啪！」連門都嘎嘎做響，比颱風還恐怖。大家都被驚醒坐到床上看看發生了什麼事，「This is north pole, Boody!」經驗老道的里克說著。這時我心想明天的比賽應該不會是這種天氣吧，此時已經半夜三點四十八分。

早上大家費了好大一番功夫才把結冰的門打開，而外頭的雪堆積到門一半的高度，風雪直接灌進帳篷裡讓溫度遽降，連講話都會冒煙，可想而知外頭氣候的惡劣，強大的風正面吹來連站都站不穩，夾雜著風雪讓眼睛根本無法張開，凍到四肢末端馬上刺痛，這可不是鬧著玩的。

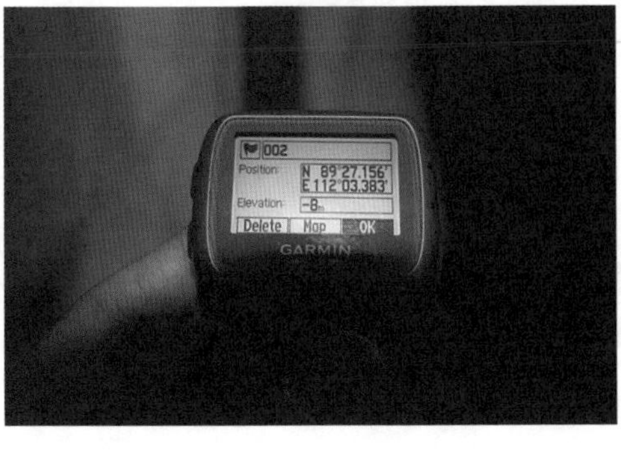

我學著使用全英文版的GPS錶，在極地中依賴它辨位。

1賽前適應環境，意外與駐地研究人員成為好友。

2英國BBC攝影記者裝備齊全的工作器材，相當專業。

3以冰塊砌成的廁所。

4每個帳篷共用一個暖氣，應付零下二十度的嚴寒。

5十個人睡一個帳篷，四天不能洗澡，可想而知，臭氣沖天。

4	3	2
5		1

9

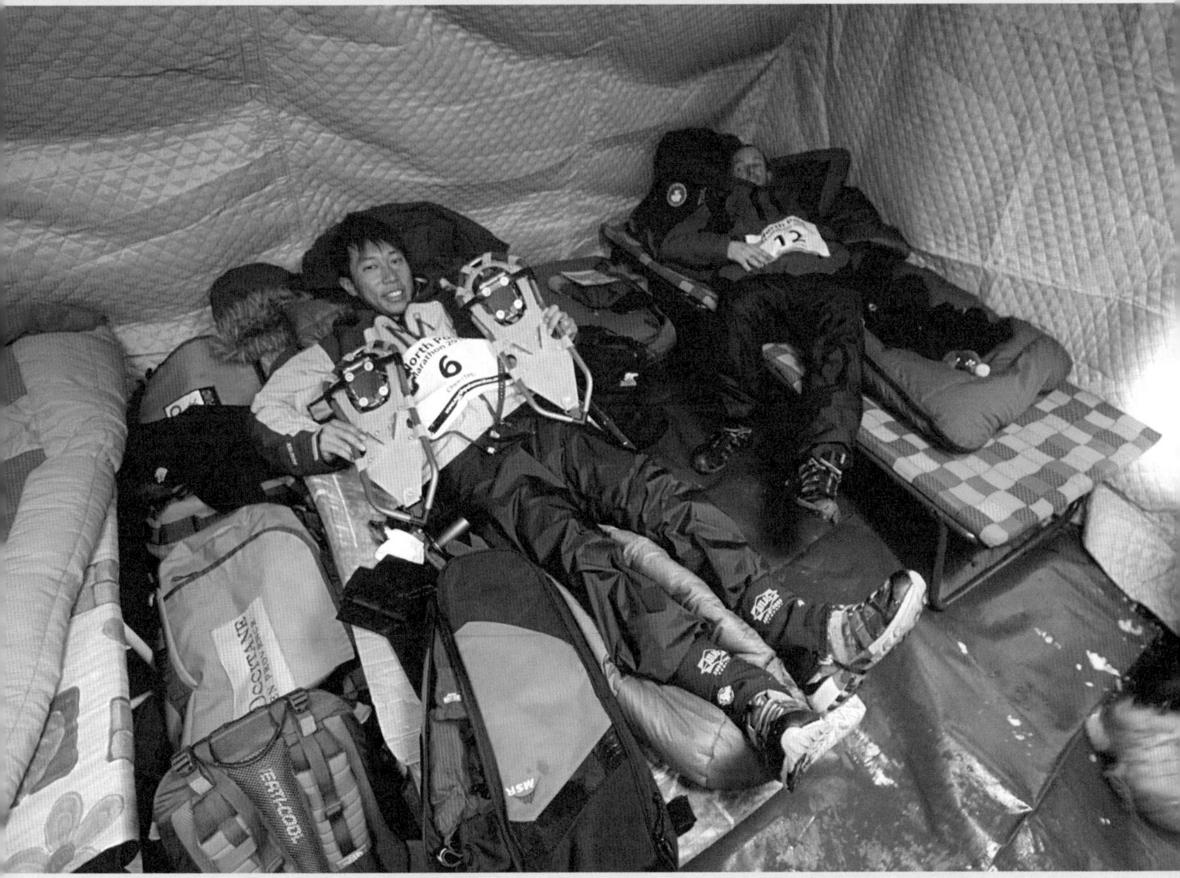
6
12
MSR

我們到餐廳集合吃早餐，主辦人理查說：「各位，這是一個不好的消息，我們碰上四年來最大的暴風雪，外頭現在是零下二十度，每小時風速四十五公里，直升機也無法起飛，為了我們的安全，比賽確定延後，請大家待在帳篷內等候通知。」天啊，在二〇〇七年因為氣溫降到零下三十七度延後三天才比，這回暴風雪不知道什麼時候才會停。我趕緊和羅馬尼亞選手安德烈借衛星電話打了三通對我來說很重要的電話，先打給爸媽報平安，但衛星訊號受暴風雪的影響時有時無，一直打不出去，十分鐘後終於撥通了，「喂，爸爸，我在北極，喂，有沒有聽到？」「你……說……什麼……在……哪裡……」電話一直斷斷續續，但聽得出來爸爸很著急，「我在北極，現在有暴風雪。」「人有……沒有怎……樣，暴……風雪……」嘟一聲電話就斷了，接著再也打不通。慘了，沒打還好，打了反而讓爸媽更擔心，當下才知道，爸爸焦急如焚的心情，讓家人的等待，是種折磨；接著我打給潘老師報備，雖然還是斷斷續續，但有清楚講完，潘老師提醒著我盡力就好，一切要以安全為重。

隨風飄起的雪花，帶著許多思念與想念，隨著回憶到達了遙遠的一方，最後一通電話，我打給剛分手的女朋友，好希望再聽到她的聲音，但，這是一通，永遠沒有人接的電話……

無情暴風雪

它就像躲在雲後，考驗著我，看看我有什麼能耐，監視著我的一舉一動，不管我如何誠心祈禱，它都避不和我見面。我知道這場比賽一定不容易，卻沒想到是如此困難，接下來，該如何是好……

從下飛機開始，我就一直感到寒冷，來自高緯度國家的其他選手都穿得很少，竟然在比賽時只穿兩件！兩件！真的兩件！而且裡面還是無袖的排汗衣。唯一從亞洲國家來的我每天包得都跟肉粽一樣，也因為體脂肪只有八點九，三不五時就要一直不斷的吃東西補充熱量以對抗寒凍的環境，其他選手幾乎沒有這個問題，每個壯得像頭牛，他們每次看到我時我幾乎都是在吃東西，一定覺得我應該跑不完吧。

兩點半暴風雪慢慢變小了，幾乎剩下微風，主辦單位馬上通知：「三點半準時起跑。」大家把所有的補給品全都抱到餐廳的帳篷內，放到桌子貼有自己的號碼處，我趕緊泡一大壺巧克力加高蛋白，一小壺巧克力加咖啡，旁邊擺滿了巧克力、花生、

每位選手都有專屬空間以放置營養補給品，這張是我的專用桌。

BBC記者全副武裝拍攝這場世界最北賽事。

Power bar、類固醇、支氣管擴張劑與備用替換的裝備配件，這是二〇〇八年磁北極比賽時學來的經驗，相當有效。

起跑點，是個令人緊張的地方，大家一同聚集在這，聽著主辦人理查說明比賽路線，因為前段雪地較淺，我選擇先不使用冰爪鞋，卻忘了推估後段的路程，浪費了不少體力。前方什麼都沒有，只有白茫茫的一片白雪，我們只需要跟著每隔五公尺出現的小紅旗前進，繞著基地營十圈完成標準馬拉松的四十二點一九五公里。BBC新聞記者就定位，科學研究站的人員隨時待命，我們的觀眾只有大自然，還有自己。

我站到第一線位置看著前方，好久沒有這麼緊張了，我發現我竟然在發抖。二〇〇八年磁北極比賽有兩位前輩帶領，處處需要人照料的大男孩，隔了兩年，現在居然敢自己獨自一人前往緯度更高的北極點比賽，陳彥博！你辦得到嗎？你能成為獨當一面的極地冒險家嗎？我在起跑前問自己，這場比賽對我來說，正考驗著我是否有所成長、有所蛻變。

「3、2、1、GO!」槍聲響起！開始了！來自十個國家二十五位選手正踏上自己的夢想之路，我的心情也隨著鳴槍衝勁十足跨步飛奔出去，有了磁北極與喜馬拉雅山的經驗，一開始我便卡在第一集團的位子，維持在前十名，我試著專注於調整好呼吸，放輕鬆的沉穩應戰，不敢莽撞的隨意配速。去程我們跑在海洋結冰的飛機跑道上，有些沒有雪的地方還會打滑，一旁的選手馬上就有人差點滑倒，時常需要左閃右閃呈現S型跑法，如同卡通裡的閃電俠，相當的累人。我刻意留一小段距離先跟在後面，好先觀察大家的跑法與雪地的狀況，一方面也故意讓大家不知道我在後方。回程的路段更加艱辛，會穿越一至二公尺高的高壓冰，因為之前暴風雪的關係，加上逆風，把雪都重新堆高起來，形成小小的丘陵地形，一踩下

起跑前二十五位選手摩拳擦掌，用熱情燃燒雪白的冰原。

槍聲響起，右腳踢濺一片雪花，煎熬一千個日子，就為了此時此刻。

去深度就到達小腿，讓全部的選手一開始就吃盡苦頭，完全沒有辦法維持一樣的頻率來跑，不時出現鬆散的雪牽絆著選手的雙腳顯得沉重，所以前頭的隊伍前進的速度並不快，我在後方邊喘邊暗自打著算盤，有機會！

第一圈大家都小試身手，調整自己的裝備，因為不斷吸入冷空氣讓我感到口渴，經過補給站時前方六名選手竟然都沒有進去，「怎麼可能！」我嚇了一跳，因為怕被拉開距離，我決定忍到第二圈再補給，繼續跟在後方，但已經開始口乾舌燥，我不斷的吞口水來滋潤喉嚨，心想他們下一站一定會進補給站。我非常小心脫水的問題，因為在二〇〇八年磁北極比賽就是疏忽脫水的情況差點暈倒，我不敢多想，趕緊低頭跟在後方，第二圈好不容易回到了補給站，其他選手全都進去補給，唯獨前三名的選手荷蘭洛約普、英國里克、西班牙路易斯仍繼續往前，「他們怎麼可能有辦法不補給！」在後方我不由得驚駭起來，有點亂了陣腳，他們一定是故意先不補給以拉開距離，先爭取領先的優勢，「來就

在補給站攝取高蛋白飲品旋即衝出，身體承受劇烈溫差變化，忍痛追趕對手。

來！我也撐得過！」我下了賭注加速繼續緊跟在後，獲得前三名的局面，他們回頭沒想到我還能跟得上來，里克的表情透露出「嘿嘿，好傢伙，比賽才剛開始呢。」

每呼出一口氣，都不斷的在消耗水分，我好想喝水！只要一口就好！一個半小時過去，開始感到有點脫水，加上體溫慢慢升高，我有一點點流汗，「不太妙！」我喃喃自語著。回程的路段慢慢起了風，讓選手們跑得更加吃力，我緊貼在洛約普的側方，他一百八十幾公分高，正好可以幫我擋風，我隨著風向改變位子，一下側一下後，終於撐到補給站。我告訴自己不論如何這一站一定要進去，不要再逞強了！結果他們三人一樣沒有補給，實力相當驚人！但，我也不是省油的燈，衝進去喝了兩大杯熱巧克力加高蛋白，抓了兩條巧克力不到十五秒就衝出去，追了三分鐘才追上。急促的腳步聲逼進，洛約普回頭看相當驚訝的說：「Tommy，你有進去補給嗎？」我嘴裡咬著巧克力連忙點頭，他們開始竊竊私語討論戰術，洛約普從腰上拿出小水壺補充水分，並傳給里克與路易斯，卻沒有傳給我，就又收了起來，原來他們合作試著把我甩開，這也是他們不用進補給站的原因，我也試過配帶水壺，但喝下結冰的水反而更冷，相當痛苦，歐美國家的選手都會互相合作，隻身參加的亞洲選手常常吃虧在這點。

第三圈天色遽變，天空與地平線慢慢連在一起，風雪慢慢的越來越強，

天蒼蒼，野茫茫，全世界最北端的一列跑者，面對的最大敵手其實是：大自然。

能見度越來越低，直到準備要右轉回程時，再度刮起了強烈的暴風雪，眼前被刮起來縱向的風雪形狀看得一清二楚，就像急流一樣，剛好就在回程的路線上，「小心！」里克說著，我們緊張得馬上把雪鏡與面罩戴上，拉上所有裝備的拉鍊，準備跑進暴風雪裡面。

巨大的暴風雪狂襲而來，把我們身上的熱氣都帶走，體溫馬上降低，風聲在耳邊不斷咆哮而過，連自己的喘氣聲都聽不見，唯一可以保護眼睛迎向風雪的雪鏡，先是起霧，而後竟慢慢開始結冰，越來越模糊，我開始慌張，才一拿起雪鏡要擦時，狂風細雪正面削到皮膚上，痛到我無法張開眼睛，我趕緊戴回雪鏡，只好跟著前面的黑影跑，這是唯一的策略，別無他法。我開始和我的信仰祈禱，和大自然對話，希望暴風雪退去，沒想到風雪更大！更強！我踩到軟雪重重的摔倒在地，再也感受不到任何大自然的思緒，完全沒有任何回音，它就像躲在雲後，考驗著我，看看我有什麼能耐，監視著我的一舉一動，不管我如何誠心祈禱，它都避不和我見面。手套開始結冰，手指已慢慢刺痛，我知道這場比賽一定不容易，卻沒想到是如此困難，接下來，該如何是好……

暴風雨風速極強，身子朝迎風面傾斜也不會倒地。

感恩與感謝的力量

這一路上一定會有很多艱辛的考驗，不斷受到痛苦的挫折，但如果你失去勇氣，將會一無所有。我撐起搖晃的身軀，迎戰自己心中的巨龍，迎戰自己的恐懼！再度跑起來，我就像隻野獸，在暴風雪中求生，不斷狂奔。

我們一同進到帳篷補給，我大口喝著巧克力與咖啡補充熱量，中國張大哥的旅遊團隊因為暴風雪沒辦法外出，見滿身是雪的我們進來後便問說：「小夥子，這樣還能比賽嗎！外頭的情況如何！」「糟透了！」滿臉疲憊的我邊喘邊說著，帳篷裡頭與外面溫度一下子從十五度降到零下二十度，共差了三十五度，我們身體為了適應消耗更大。身上結冰的汗水慢慢開始融化，糟糕！如果衣服濕了就完了，會馬上失溫。我們四人立刻再度出發，一打開門風大到抓都抓不住，費了好大的力才把門推回來，而進進出出極大的溫差讓我開始感到有點頭痛，非常不舒服。

他們肌耐力真的很好，加上身材上的差距，他們跨一大步我常常都要跑個兩三步才能跟上，相較之下勉強的跟在後方，加上零下二十度寒凍的低

在暴風雪中，視線必須緊緊捉住標示路線的小紅旗，無奈風雪常將小紅旗吞沒，只好用GPS找路。

溫，核心溫度降低，體內血紅素與氧的結合更加緊密，送到骨骼肌與其他組織的血液與氧氣減少，許多能量都來自無氧代謝，造成乳酸增加的相當快。前兩站沒有適時補給，已經影響到接下來的身體狀況，才第四圈，我的大腿已經快抬不起來，而且明顯感到異常疲勞。

狂亂無情的暴風雪持續襲擊每一位選手，無處可躲、無處可避，赤裸裸的不斷被風雪肆虐著，洛約普趁勢發動攻擊，衝出集團，獨自一人開始加速把我們拉開，直到被拉開二十公尺後我便按捺不住頂著風雪也追上去，維持到第五圈後，血糖開始降低，頭也開始暈眩，我的體能急速往下滑，強大的風雪吹著，即使我用盡全力跑，卻和用走的速度差不多。被洛約普再度拉開後，里克與路易斯也慢慢追上來超越我，到了補給站我耗上很久的時間不斷在吃東西與喝熱巧克力來提高血糖，按摩及伸展大腿，這時落後的選手已經一個個追上來不斷超越我。

核心溫度

人體的體溫是恆定的，由大腦下視丘所控制，讓體溫維持在三十七度左右，位於人體內部中心，圍繞著臟器，也就是所謂的核心溫度，上下之間不會超過一度到一點三度，體溫只要低於三十五度以下便會開始失溫，二十五度以下就會有立即的危險。

我心急了，「不能輸！」調整好後繼續出發，但已經落後到第七名。能見度幾乎只剩十五公尺，四周都看不到人，插在雪上的小紅旗已經被風雪掩埋，或是被吹走，天空、地平線、雪地早已連在一起，全都白茫茫一片，我不知道我跑在哪裡，只能追著若隱若現的黑點，拖著疲憊的身軀搖搖欲墜前進，此時，腳下突然傳來深厚的冰雪崩裂聲「碰搭！」我整個人踩空瞬間往下掉，嚇到驚醒馬上用兩手撐住地面，此刻大腿已經掉進雪裡，我想踩上來，但右腳卻踩空，「是裂縫！」我受到驚嚇！因為暴風雪把所有裂縫都埋住，我根本看不到，根本不知道到底有多深，費盡全身的力氣把身體蹬回地面，耗盡所有能量，「嗚啊！」才剛站起來左腳馬上劇烈抽筋重摔在地上，這一摔，把原本想奪牌的雄心壯志給撞飛了，我抱著左腳不斷慘叫「啊——！」風雪肆虐，狂風不斷吹襲，刮傷我快凍傷的臉頰，沒人聽得見我的哀嚎，沒人聽得見我的求救，我躺在雪地上望天，動彈不得，甚至忘了大會提醒的北極熊，只能任由暴風雪宰割，三分鐘後，慢慢的我感到寒冷，四肢變得僵硬，思緒變得不清楚……

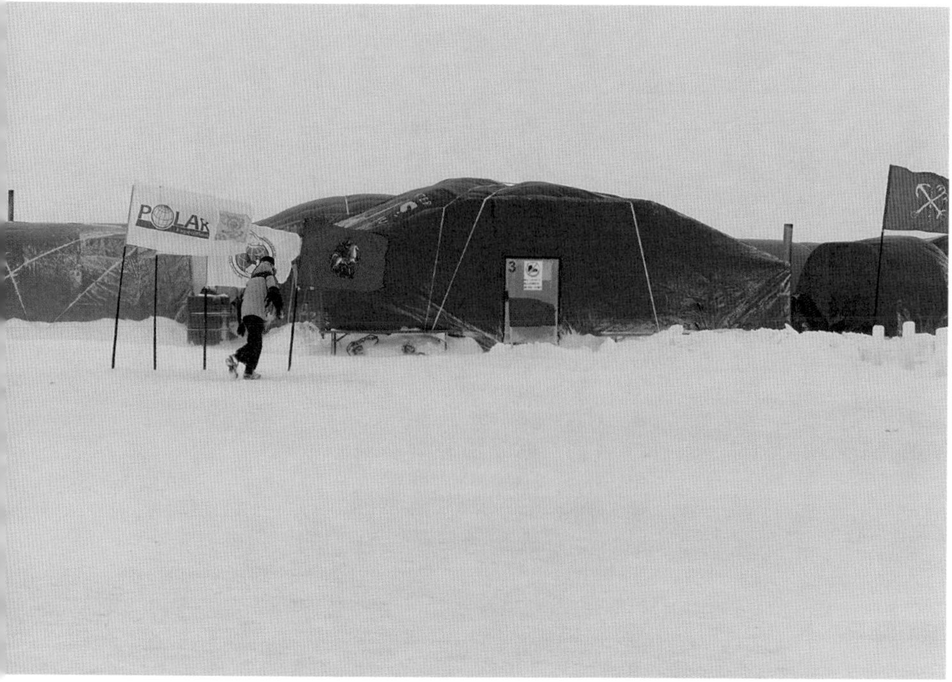

血糖降低，我的身子左搖右晃，幾乎是任暴風雪擺布。

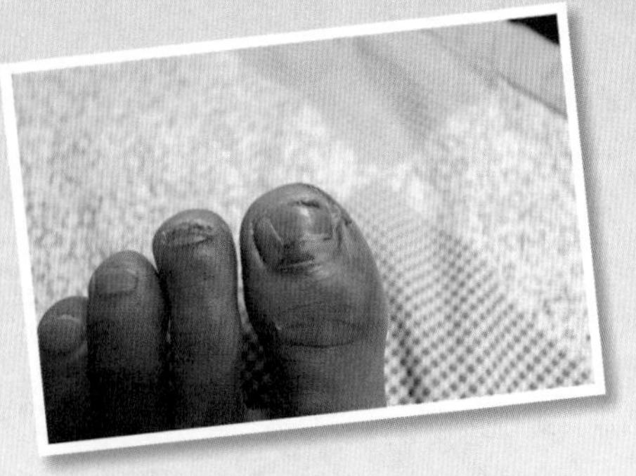

凍傷的腳趾似乎也有其表情。

「我在幹嘛！」我突然問自己，「陳彥博！廢物！你這廢物！你就只有這麼點能耐！」我開始不斷咒罵自己，為自己的無能感到憤怒。「起來啊！該死的！你是為什麼來到這裡，你的夢想呢！你為什麼來到這裡！」是啊，我為什麼而來，我也問自己，腦中想起許多協助與鼓勵我的朋友、支持我的贊助廠商、潘老師還有爸媽。就像跑馬燈一樣，一一的浮現出來。有人問我說，是不是記憶越溫暖，意志力越驚人，我想，是的，沒有錯。此刻寒冷的身體，慢慢的又溫暖起來。感恩，感恩與感謝的力量對運動選手來說，有著驚人的能量，注入在我體內，讓我的細胞再度獲得養分，我知道我是因為大家的協助與肯定才來到這，來到北極，並不是為了證明自己參加了什麼比賽，獲得了什麼名次與擁有什麼頭銜，如果只是為了這些而來，那只是滿足自己的慾望罷了。

好冷，身體已經慢慢失溫而開始發抖，我試著撐起無力的雙腳，平常的每一個動作都感到吃力，好不容易才站起來，風雪一吹，「碰！」重心不穩又跪倒在地上，我不斷發抖著，二〇〇八年失溫的恐懼又擁上心頭，可能再加上低血糖的關係，我產生了幻覺，過度的思念與想念，眼前看到之前女朋友的影子，我盡力去追尋，只想再見妳一面，在風雪中不斷呼喊著妳的名字。回神過來，原來四周什麼都沒有。在暴風雪中只剩我一個人，我感到脆弱、感到害怕，留下眼淚。這時腦中想起潘老師和我說的一句話：「彥博，這一路上一定會有很多艱辛的考驗，不斷受到痛苦的挫折，但如果你失去勇氣，將會一無所有。」我撐起搖晃的身軀，迎戰自己心中的巨龍，迎戰自己的恐懼！再度跑起來，我就像隻野獸，在暴風雪中求生，不斷狂奔，此時已經不只是再撐一下，而是要徹底的相信自己。

風雪太大，連後方的直升機都無法起飛。

每跑完一圈，裁判都會如實紀錄，以確保選手的安全。

置身何處

最後三公里，好冷，全身越來越冷，好重，每一個腳步越來越重，視線變得好模糊，完全的看不清楚方向，我失去前方的目標，呈現游離狀態，失去任何意識，大腦失去平衡左搖右晃的沒有辦法繼續跑直線，不斷跌倒爬起來又跌倒，為什麼要把自己逼成這種地步。

賽程還有一半，我已經開始脫水，五臟六腑早就飽受煎熬，其他選手在燃燒脂肪，我在燃燒肝臟。第六圈回到補給站後，一位俄羅斯研究員看我的臉色不太對，有點發白，便好心提醒我：「Tommy，不要太逞強，要小心。」我和他道謝擊掌後便出發。每吸一口氣都在降低體溫，每吐一口氣都在消耗水份，刺骨寒冷的風吸到肺裡，就像刀在割一樣，暴風雪無孔不入，從任何縫隙鑽進衣服裡，也把臉上劃出一小條一小條的血絲。每一圈被暴風雪刮起的雪花一直不斷形成新的地形，能見度低非常容易迷失方向，或是一頭撞上巨大的高壓冰，更易跌入冷不防出現的冰縫，因為僅僅六到九公尺厚的冰層下，就是深黑的北極海。

崎嶇多變鬆散的地形，每一步都要比平常多花上兩、三倍的力量，雙腳重得如掛鐵球般，有一段時間風雪大到完全沒有辦法跑，只能彎下腰盡量快步走，看著手上的定位表已經過了兩個小時，八圈過去了，我終於看到人影，是領先的選手，我抓緊每一個風雪間歇空隙，「再多堅持一下！」堅持多跑一兩步的信念，我沒有放棄，不斷的追過其他選手。每一圈，每一圈都會想起幫助我的人，因為有大家的幫助，我才能到這裡比賽，許多的愛與感謝，都是我轉化成再跨出去一步的力量，我知道不管如何一定要到達終點。

比賽的標準穿衣法是「洋蔥式穿法」，內層為羊毛排汗衣，中層為刷毛保暖衣，最外層則是防風、防水、防雪的 Go-Tex，回復速度後我感到有一點熱，慢慢的流汗，就算我趕緊把外套腋下、胸口、褲子兩側散熱的拉鍊拉

許多的愛與感謝，都是我轉化成再跨出去一步的力量。

下，讓風雪吹進來降低體溫，也已經來不及，最內層的衣服已經濕了，這是最危急的狀況，衣服一結冰，馬上就會失溫。我試著降慢速度，冷靜的想著策略，最後一段路途，考驗著我的智慧，剩下最後一圈半了，再痛苦咬牙也要撐過，我在逆風中試著切風行進，慢慢的汗水在衣服上開始結冰，我知道這個狀況，不能耗太久，不然一定會有危險，在補給站外喝兩杯巧克力就邁向最後一圈，卻感覺完全沒有東西進到我肚子裡。

衣服變得有點重，結冰的外套在跑步的擺動下吱吱作響，我感到寒冷，大腦不斷刺痛，身體和我開始抗議，「拜託！再讓我撐一下啊！快要到了！」最後三公里，好冷，全身越來越冷，好重，每一個腳步越來越重，視

耗盡所有力量奔進終點吧！

線變得好模糊，完全的看不清楚方向，我失去前方的目標，呈現游離狀態，失去任何意識，大腦失去平衡左搖右晃的沒有辦法繼續跑直線，不斷跌倒爬起來又跌倒，好冷、好痛苦，為什麼，為什麼我要把自己逼成這種地步，「Tommy……GO……」暴風雪中耳邊有人在呼喊我的名字，是誰！抬起頭，隱隱約約的看見了小小的藍色帳篷，我看成兩個，「是終點！是終點啊！」我用盡我最後的力氣，把早已凍到失去知覺，不斷發抖的雙手拉開右邊胸前的拉鍊，拿出從出發就一直放在胸口的國旗，「刷！」一聲，青天白日滿地紅的國旗瞬間被風雪吹開，我用雙手握緊著，讓它隨風飄揚，國旗在暴風雪下顯得更加美麗、更加茁壯，這時我自己好生感動，聽不見任何聲音，靜靜的享受最後三百公尺。準備了兩年，這些煎熬、這些痛苦，不就都為了這一刻！那就不要留任何一絲力量，盡全力！耗盡所有力量奔進終點吧！抵達終點線的這一刻，四周無情的風雪充滿了生命力，變得明亮，台灣人也做到了！而且以五小時二十九分第三名進終點。

想起太多挫折、想起太多感謝的人，淚水從眼角滑下，雙腳早已無力，站都站不穩，到了終點，不是與其他選手當場慶功，而是馬上在大家的攙扶下送到急救站，我躺在床上，面無血色，天旋地轉，全身無一處不顫抖，俄羅斯籍工作人員帕卡趕緊拿甜的烈酒給我喝，一旁的醫生量我的血壓和脈搏，頭暈的我根本不知道他在講什麼，因為心跳非常快速，十分鐘了一直降不下來，所以幫我打了一針葡萄糖之類的，帕卡就像我媽媽一樣摸著我的額頭，讓我感到好溫暖，俄羅斯的人員都向我比出大拇指說著：「Taiwan! Good!」

躺了一個小時後身體逐漸回復，我換好衣服與其他人在終點處迎接每一位抵達的選手，看到他們到達終點的表情，與他們歡笑、緊緊擁抱，有人甚至抓著雪跪在地上痛哭。每個人都有他自己的故事而來到這裡，與大家一同分享著每一天的日出與日落，這一切，再痛苦，我知道，都值得了。

在北極點以寶特瓶裝填一把雪作紀念，無價。

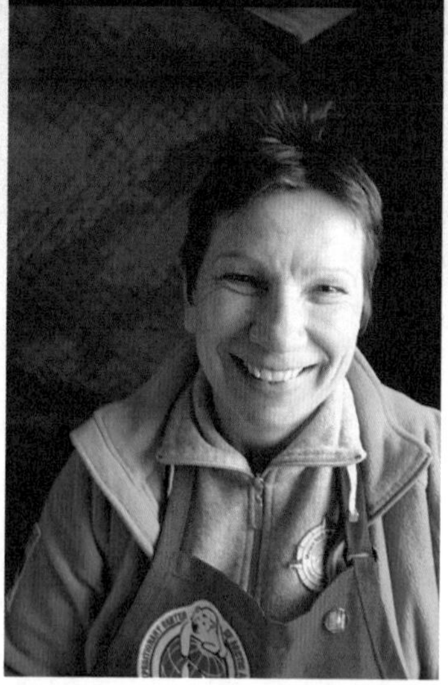
在我失溫送急救站時，照顧我的工作人員帕卡。

北極點馬拉松比賽的獎狀。

地球最高點

北極點！地球最高的地方！我刻意站到冰塊上，轉了一圈環顧四周，世界就在我腳下，然後，慢慢的閉上眼，去感受它。此刻我的靈魂已抽離我的軀體、心已脫塵離世，從空中俯瞰著自己。

「這是哪裡……」睡了好沉的一覺，早上九點，張開迷濛的雙眼，原來我還在北極的帳篷裡，昨天耗盡了全力，全身肌肉痠痛不已，動彈不得，累癱的大家都還在用力打呼，四天沒有洗澡加上昨天比賽濕掉的襪子、鞋子、衣服，讓帳篷瀰漫著恐怖的騷味，不過我們早已習慣了，厚重的眼皮又再度閉上。門外的暴風雪依舊沒有停過，飛機也無法起飛，只好延後一天回去。為了犒賞自己，中午我拿出私藏的最後一包泡麵享用，大夥看到我一進去，「Tommy! No! 不要再來了！我們投降了！」嘿嘿，不好意思啦！這下我只能獨樂樂，大家真是又氣又恨。

隔天暴風雪突然變小了，在天氣許可的狀況下，大會安排我們搭 Mi-8 軍用直升機到達地球最高的地方——北極點 (North Pole)，這是一個令人振奮的消息。出發前，知名的體育攝影師麥可金與ＢＢＣ記者知道我是第一次

與入境標牌合照，此生還會再來嗎？

坐直升機相當興奮，便和我說：「Tommy，那裡是一個很特別的地方，有些人甚至一輩子都無法到那，一下飛機大家一定會陷入瘋狂，你試著給自己一些時間，站在北極點上，然後閉上眼，去感受它，你會有很深刻的體會。」我問：「感受？怎麼去感受呢？」麥可金用力的將他的食指點在我的心臟上，並說著：「Always is in there.」這種被觸擊到心靈的感覺，就像是打開開關似的，很難形容。

直升機螺旋槳運轉起來，可以看見每個人眉毛開心的上揚，雪花四起，起飛的那一刻，我有多麼激動，一路上劇烈搖晃下連後方的選手吐了。從北緯一度之地起飛，四十分鐘後到達北極點，北極點中央的海冰已持續存在三百萬年，是永凍冰層，但從空中看下去，你絕對沒辦法相信，已經有許多巨大的冰河裂縫，甚至可以看到長長的一條北極海，機上的俄羅斯科學人員說，因為全球氣候暖化造成的影響，二〇〇六年從歐洲環境衛星發回的圖片顯示，歐洲北部至北冰洋一帶的永凍冰正在以前所未有的速度鬆動崩裂融化，這幾年更嚴重，為了找好穩固的冰層降落點，我們降落後又起飛，第二次才成功，把機上的大家都嚇出一身冷汗。

是的，這裡是北極點，美到讓人間所有的詞意變得如此貧乏，淡藍得沒有一絲雜染的天，白得沒有一絲渲染的雪，因為氣候變化相當快，冰層可能隨時會流動或裂開，我們只有十分鐘的時間就要起飛。機艙打開那一刻，果真大家都興奮的直接跳下機大叫打滾，大口吃地上最純淨沒有污染的雪，甚至還有人興奮的脫下衣服裸奔，陷入瘋狂狀態。

我先趕緊拍照，隨後便悄悄遠離人群，循著GPS定位找到北緯九十度，北極點！地球最高的地方！我刻意站在冰上，深吸一口氣，轉了一圈，緩緩環顧四周。我輕聲對自己說：「是的，世界就在我腳下。」

隨後，我慢慢閉上眼，感受周遭的氛圍，冥想之力在此啟動。我首先想到的是台灣的形貌，台灣在哪裡？台灣在地球的相對位置是什麼？隨後，我開始在腦海中的地球上，定位曼谷、阿姆斯特丹、奧斯陸、勒羅伊德、朗依爾城、巴尼

將國旗插上地球最高點，向世界大聲宣示：台灣人也能做得到！

踏進終點的剎那，我們二十五名選手以為這一刻已不復返，感謝BBC記者的苦心，使我們的夢想旅程得以重現。

歐，飛到北極點，最後，也就是此刻，我正在地球的最上方。

北極點在哪裡？在地球上。

地球在哪裡？在宇宙裡。

宇宙在哪裡？我不知道。此刻，我的靈已從我的軀體抽離、心已脫塵離世，從空中俯瞰著自己，這一切如此神奇，很難形容，只能感受與體會到自己的存在，重要的是，在我此生，似乎從來沒有一刻像現在這麼真實；僅僅是呼吸空氣，欣賞風景，無形的感動與大自然產生了共鳴，我就像是被世界遺忘的邊緣人……

時間不知走了多久。當到我張開雙眼，暴風雪已經停止，微風飄來，下起陣陣的小雪，我將手伸出去讓雪花落在手套上，六角形的冰晶結構清晰可見，然後，慢慢融化，這股力量注入在我身上，我感覺，這就是大自然給我的祝福，是種詩境，我的身體已經刻下這些寶貴的記憶，不可分割，永遠不會遺忘。

回程的路上，我的悸動揮之不去，許多體會湧入我心中。

我信仰自然，渴望探索真實的大自然，去探索生命的起源，感受原始的悸動。

我知道，我的神可以溫柔詩意，如降在我手中的小雪花；也可以驟然翻臉，冷酷如暴風雪，但也是更艱困、更孤獨的自覺成長之路。

我們如何詮釋自己的夢想，是追尋夢想？或只是個夢境？

在夢想的道路上只有認清自己的無知，才能不斷廣拓自己的知識與視野。曾有一位企業主問我，如果給我一百萬讓我別參加這種比賽，我是不是就不去參加了？我馬上回答：「不，我會去！」

因為，當你簽下生死契約書，決定把生命託付給大自然之際，個人就不再擁有人類的肉體，而是進入宇宙的循環；在生死之間所感受、啟發、感動的，是用幾百萬、幾千萬，甚至幾億也買不到的心境體會與人生經驗，這是大自然給生命永恆的焠鍊。

此刻，回顧過往我已經完成的夢想歷程，世界七大洲八大站大滿貫賽事裡，我僅僅完成亞洲、北極點兩站。而這兩站卻也正在承受人類對環境侵略的苦果：喜馬拉雅山因為觀光興起，一年製造五十五萬噸垃圾；而我腳下的北極點永凍冰層裂開，是全球氣候暖化惹的禍，我走過的夢想歷程刻骨銘心，卻也讓我最直接目睹難以抹滅的震撼與恐懼。未來的其他六大站：南極洲、北美洲、南美洲、澳洲、大洋洲、非洲，我除了圓夢，還會見證什麼？我能為這個地球做什麼？我不斷思索。

離開巴尼歐基地隔天，基地站的科學研究人員在睡眠中聽到一聲巨響，起身開門一看，景象令研究人員目瞪口呆：

冰層瓦解了！

我們原先住的帳篷外邊，瞬間化為一片汪洋，沒入北極海。如果北極已然如此，那麼，我未來要挑戰的南極洲等其他六站呢？

我們正處於一個人類創造的空間中，生存在人類社會環節的每個文化，只選擇自己要的知識，只聽自己想聽的，反而太樂於改變周遭的事物，卻不願改變自己，因為習慣讓我們一直困在裡頭，在知識、幻想、電視、社會型態中形成一個抽象空間，我們擁有的卻是我們不需要的，我們不需要的確是我們需要擁有的，何不想想，也許我們不曾活過。

我下定決心了。

我將繼續探險，繼續追求夢想，一方面也身歷其境，謙卑的在大自然中學習，與大家分享環境變化的重要；我相信，極限馬拉松比賽沒有所謂的冠軍，只有在大自然中無止盡的體會與學習。而準備參加每一次挑戰之前，我會非常踏實的過每一天的生活，珍惜與家人的每一天，盡情享受生命的喜悅，追尋夢想的過程中遭遇挫折總是會有些疲累，但不至於讓人生厭，這就是我的生活態度。

北極，充滿神祕的國度。
北極，讓人重新思考存在的意義。
這裡的一切，都是這麼的純淨……
夢想，有很多種；要成就自己，也有數不清的方式。
和自己對話，是僅存的真實。

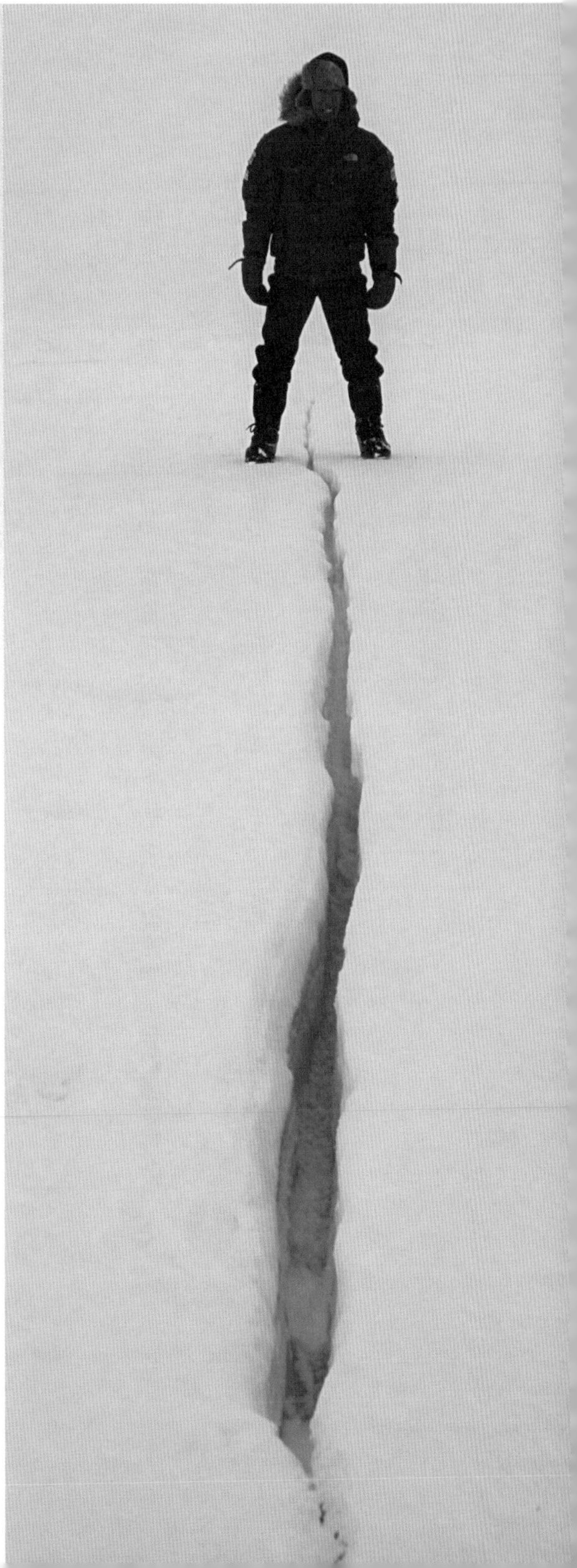

再出發

二〇一〇年十二月，我將繼續獨自前往世界最南、最冷的地區——南極，參加難度更高、距離更長、氣溫更低，風速最強，全球只挑選二十位選手的南極挑戰賽，繼續在神的心情間攞盪奔馳，慶幸的是，十月時，主辦單位已經通知我入圍，審視這場挑戰的難度與危險性，我知道，我很可能會極度逼近身體與意志的極限，現在，我必須開始再度回到找贊助、訓練的生活，一方面準備前往中國昆明高原訓練基地，並將強度提高，進入氣溫更低零下四十度的冰庫進行更危險的模擬訓練，將生理與心理調整到最佳狀況來面對這一次更大的挑戰，並為人類宰制的全球環境所面臨的難題作見證，盡己所能付出心力。

錦上添花，容易。

雪中送炭，難。

我循著自己擬定的節奏前進，花也好、炭也罷，甚至沒花也沒炭，我都滿懷感激、不間斷地、逐步實現環境冒險家的夢想。

別再問我為何而跑，就像鳥兒要飛，魚兒要游一樣，這一切，不都是大自然的律動？

如果生命有結束的一天，我希望是結束在追逐夢想時。

我叫陳彥博，我二十四歲，我的夢想才剛開始！

Y角度 1

零下40度的勇氣

作者	陳彥博
責任編輯	何靜婷
美術設計	陳祥元、陳雅萍
發行人	蔡澤蘋
出版	健行文化出版事業有限公司 台北市105八德路3段12巷57弄40號 電話／02-25776564・傳真／02-25789205 郵政劃撥／0112263-4
九歌文學網	www.chiuko.com.tw
印刷	晨捷印製股份有限公司
法律顧問	龍躍天律師・蕭雄淋律師・董安丹律師
發行	九歌出版社有限公司 台北市105八德路3段12巷57弄40號 電話／02-25776564・傳真／02-25789205
初版	2010年12月
初版18印	2021年9月
定價	320元

書號 0201001

ISBN 978-986-6798-32-0

（缺頁、破損或裝訂錯誤，請寄回本公司更換）

國家圖書館出版品預行編目資料

零下40度的勇氣／陳彥博著. -- 初版. -- 臺北市：
健行文化，　民 99.12
面；　公分. --（Y角度；1）
ISBN 978-986-6798-32-0（平裝）

1. 陳彥博　2. 臺灣傳記　3. 馬拉松賽跑

783.3886　　　　　　　　99021087

簽 證／VISAS

ROYAL CANADIAN MOUNTED POLICE
RESOLUTE BAY DETACHMENT
P.O. BOX 230
RESOLUTE BAY, NU X0A 0V0

Canada CUSTOMS DOUANES
210
FEB 13 2008
GXI

簽 證／VISAS

BARNEO
Nord Pole
Ice camp
12.04.10 49
GARDERMOEN
F 011
AMSTERDAM SCHIPHOL

簽 證／VISAS

20

簽 證 / VISAS

IMMIGRATION CHECK POST ★ AIRPORT

SHRI RABIN MURMU
INSPECTOR OF POLICE
ANTI - HIJACKING
BAGDOGRA AIRPORT
DARJEELING

20.10.2009

IMMIGRATION INDIA
A ★ 45
19 OCT 2009

IMMIGRATION INDIA
5 NOV 2009
D-51 DEPARTED DELHI D-51